Walter Buchacher & Josef Wimmer

Das Seminar

Wirksam vortragen und lebendige Seminare gestalten

Linde international

Bibliografische Information Der Deutschen Bibliothek

Die Deutsche Bibliothek verzeichnet diese Publikation in der Deutschen Nationalbibliografie; detaillierte bibliografische Daten sind im Internet über http://dnb.ddb.de abrufbar.

ISBN 3-7093-0099-1

Umschlag: AG MEDIA GmbH

1210 Wien, Scheydgasse 24, Tel.: 0043/1/24 630

www.lindeverlag.at

Druck: Hans Jentzsch & Co. GmbH., 1210 Wien, Scheydgasse 31

Inhaltsübersicht

Einleitung

Das Buch

„Habt ihr noch zusätzliche Unterlagen oder weiterführende Literatur?", wurden wir in unseren Seminaren oft gefragt.

Darin liegt der Entstehungsfunke für „Das Seminar".

Wir sind erfahrene Praktiker. Wir haben für Praktiker ein Buch geschrieben. Für Profis, die mit neuen Ideen ihren Erfolg ausbauen und sichern wollen, für Einsteiger eine gediegene Anleitung zum Erfolg.

Das Konzept des Buches ist einfach: Wir haben im Laufe der Jahre alle unsere eigenen Visualisierungen auf Flipchart, Pinnwand und den anderen Präsentationsmedien und Seminarsituationen fotografiert und dokumentiert. Diese Live-Produkte finden Sie auf der jeweils rechten Buchseite – praktisch zum Nachmachen. Daneben gibt's Erläuterungen, Anleitungen, Hintergrundinformation.

Wir haben unsere vieljährigen Erfahrungen in ein stimmiges Konzept gebracht und nennen es:

Die Salzburger Trainingsmethode

Die Salzburger Trainingsmethode zeichnet sich durch einen belebenden Wechsel von Information und deren Verarbeitung in Einzel-, Paar-, Gruppenarbeit und Diskussionen in der Gesamtgruppe aus. Förderliches Feedback wird in Videoanalysen gewonnen. Neues Verhalten wird in Trainingsphasen und Rollenspielen erprobt und angeeignet. Gelacht wird im gemeinsamen Spiel und in guter Atmosphäre. Der Wechsel der Arbeitsweisen und Aktivität erfolgt rhythmisch wie bei einer schönen Tiefschneeabfahrt. Und genau durchdacht. Deshalb sind unsere Seminare kurzweilig und informativ zugleich. Wer genau hinschaut, findet hier einen sicheren Leitfaden für erfolgreiche Seminare.

1. Anfangen

Die Anfangssituation

„Und jedem Anfang wohnt ein Zauber inne, …“
Hermann Hesse, Stufen

Die Teilnehmer versammeln sich nach und nach im Seminarraum. Viele blicken um sich nach einem bekannten Gesicht. Haben sie eines entdeckt, starten sie gleich darauf zu …

Wie auch immer – für die Anfangssituation gilt:
Für alle ist vieles neu. Und jede Person ist bestrebt, Orientierung zu gewinnen…

Bildlich gesprochen hat jede Person viele Fragen im Kopf: Wer sind die anderen? Wie wird der/die Leiter/in sein? Muss ich hier sagen, wie es mir geht? Wird die Zeit schnell vergehen? Manche Personen in der Runde fallen mir besonders auf – wie sind die wohl? Usw.

Zudem will jede Person herausfinden, wie sie sich hier verhalten soll: Eher anonym bleiben oder sich zeigen? Mitreden oder erst abwarten? Welchen Platz soll ich wählen – neben wem?

Diese vielen Fragezeichen vor dem geistigen Auge erzeugen gewisse Unsicherheiten und warten auf Antworten. Erst dann ist der Kopf frei für die eigentlichen Inhalte des Seminars.

In der Anfangssituation haben Seminarleiter die Aufgabe, Orientierung zu geben und zu organisieren:

- Seminarleiter begrüßen und stellen sich vor und werden damit erstmals richtig sichtbar.
- Teilnehmer stellen sich – nach Maßgabe der Seminarleiter – vor und zeigen sich damit.
- Das Programm (siehe Übersichtsplan) wird präsentiert.
- Eventuell werden Vor-Erfahrungen und Interessen der Teilnehmer erhoben und sichtbar gemacht.
- Einige wenige wichtige Verhaltensregeln werden kundgetan: Handy ausschalten, Appell zur Pünktlichkeit, Pausen, was und wie mitschreiben, …

Anfangssituation
Für alle ist vieles neu
Orientierungsbedarf
Unsicher-heit
Ängste
Erwartung
Vorurteile
?
!
Leiter/in
Teilnehmer
Themen
Rahmen
Schlüsselsituation
normbildend
Lenkung
Wert-schätzung

Diese Anfangsorientierung darf 10–20 % der Seminarzeit in Anspruch nehmen. Nach der Anfangsphase soll der Großteil der bildlichen Fragezeichen in den Köpfen geklärt sein. Sie sind zu Rufzeichen geworden!

In der Anfangssituation ist die Führungskompetenz von Seminarleitern besonders gefragt:

Eine starke Wertschätzungskomponente soll Modell für den Umgang mit- und untereinander während des gesamten Seminars sein.

Die Lenkungskomponente soll in der Anfangsphase stärker ausgeprägt sein. Das gibt Halt und Sicherheit. Die Gruppe kann in dieser Phase noch nicht in Entscheidungen eingebunden werden.

In der Anfangsphase sind Seminarleiter gefordert und sie zeigen ihr Können und ihren Stil. Die Teilnehmer gewinnen eine Vorstellung von der Seminarleitung: „So wird hier gearbeitet." Diese Vorstellung ist normbildend, sie hat Modellcharakter für den weiteren Seminarverlauf.

Die Anfangssituation ist eine Schlüsselsituation.

Eine Checklist für die Anfangssituation zeigt, was alles bedacht werden soll:

- Wer eröffnet?
- Ist jemand vom Veranstalter anwesend und stellt die Seminarleitung vor?
- Wie lernen sich die Teilnehmer kennen?
- Wie wird eine erste Übersicht zum Seminar gegeben?
- Werden Teilnehmerinteressen erhoben und wie?
- Welche Normen möchte ich gleich von Beginn an einführen?
- Was tun, dass die viele Information am Anfang nicht vergessen wird?
- Was müssen die Teilnehmer noch wissen?
- Welche Materialien und Medien brauche ich?
- Soll eine Hauserkundung eingeplant sein?

Anfangscheck
Eröffnung
* Inszenierung
* Bedeutung/ Auswirkung
Vorstellung KursleiterIn.
N.N.
berufl. Werdegang
Bezug zum Thema
Bezug zu Tn
Privates?
Offenheit
Standard
Vorstellung Tn
n!
wanted
Erst- -information -orientierung
MO DI MI
900
Tn-Interessen
„Raucherproblem"
§
Vergessen
* nicht zuviel
*
* INFO
Wissen?
*Prüfungen
*Zeugnisse
*Bedingungen
*Voraussetzungen
*Termine
*Konsequenzen
Medien Materialien
* Papiere
* Stifte
* Nadeln
* Medien
* wo?
Hauserkundung

Vorbereitung des Seminarraums

> Wo man singt, dort lass dich nieder,
> denn böse Menschen haben keine Lieder.

Wie bei Ihrer persönlichen Vorstellung, der ersten persönlichen Begegnung mit den SeminarteilnehmerInnen, haben Sie auch keine zweite Chance für den ersten Eindruck, den die Teilnehmenden beim Betreten des Seminarraumes haben. Und der erste Eindruck haftet.

Zeigen Sie den Menschen, die zu Ihnen ins Seminar kommen, dass sie Ihnen herzlich **willkommen** sind.

Da gibt es erprobte Zutaten:

- Ein schön gestalteter **Willkommensgruß** auf der Flipchart. Diese Tafel soll so gestellt werden, dass sie zum Blickfang für die Eintretenden wird.
- **Tische und Stühle** nach Ihren Bedürfnissen geordnet aufgestellt. Wir arbeiten nahezu ausschließlich im Sesselhalbkreis ohne Tische – wir wollen den Menschen nahe sein.
- Schreib**unterlagen** und Kugelschreiber mit unserem Firmenlogo, Klebeetiketten als Namensschilder liegen ansprechend platziert auf dem Sitzplatz. Und eine Salzburger Mozartkugel – ein süßer Einstieg in die gemeinsame Arbeit.
- Und **Musik.** Musik füllt den noch leeren Raum, spricht Emotionen an, gibt ein bisschen Schutz davor, zu sehr ausgesetzt zu sein. Wählen Sie Musik mit Schwung, so geben Sie ein nonverbales Signal für die zu erwartende Stimmung in Ihrem Seminar.
- Der **Handschlag.** Falls Sie die TeilnehmerInnen nicht schon im Vorfeld persönlich begrüßt haben, begrüßen Sie alle einzeln mit Handschlag beim Betreten des Seminarraumes.

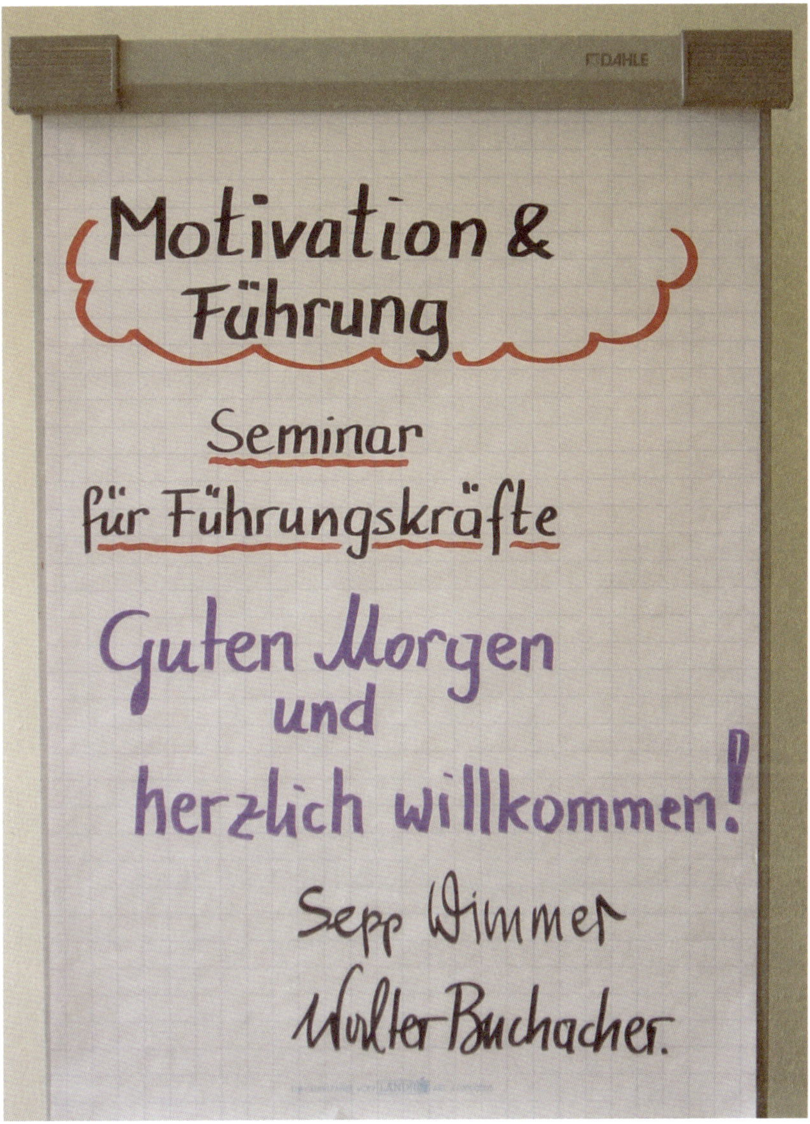
DAHLE
Motivation &
Führung
Seminar
für Führungskräfte
Guten Morgen
und
herzlich willkommen!
Sepp Wimmer
Walter Buchacher.

Das Programm: Übersichtsplan

Der Übersichtsplan gibt ein Bild des Seminarverlaufs. Zu allen unseren Seminaren gestalten wir einen solchen Plan; für Kurzseminare auf einem Flipchartbogen, für Seminare, die länger als einen Tag dauern, auf einer Pinnwandtafel.

Der Übersichtsplan wird den Teilnehmern im Anfangsteil vor oder nach der Vorstellrunde präsentiert. Der Plan bleibt das ganze Seminar über sichtbar angebracht. Er trägt so wesentlich zur Orientierung bei. Fragen wie „Kommt dieses Thema noch?“ oder „Wann setzen wir nach der Mittagspause fort?“ usw. sind für alle mit einem Blick beantwortet.

Neben dem, was draufsteht, enthält der Plan noch zusätzliche wichtige Botschaften. Solche für uns wichtige Botschaften können sein:

- Klare Struktur. Die Botschaft: Das Seminar hat einen stimmigen Aufbau, die Seminarleiter sind gut vorbereitet, es sollen Themen transportiert und Ziele erreicht werden.
- Ansprechend gestaltet. Die Botschaft: Die Teilnehmer sind es uns wert, ein schönes (arbeitsaufwändiges) Plakat zu schreiben.
- Handgeschrieben, persönliche Note. Die Botschaft: In diesem Seminar hat auch Individualität Platz, es darf etwas ausprobiert werden, es darf lebendig und bunt sein.
- Und andere Botschaften mehr.

Der Übersichtsplan wirkt nach dem Motto: Das Medium ist die Botschaft.

Dieser Plan ist somit *ein* Beitrag zu einem gelungenen Seminarstart. Er gibt Orientierung und Sicherheit, er stellt Themen in den Mittelpunkt und er deutet auf einen abwechslungsreichen und lebendigen Verlauf hin.

Didaktik-Seminar
Vorträge halten und Seminare leiten
Mo., 19.9.
Di., 20.9.
Mi., 21.9.
9.00
Wup
Information:
Visualisierung, Medien einsetzen
Medienwerkstatt
Wup
Information:
Seminare planen und leiten
GA:
Planungs-übung
Wup
Information:
Anfänge
Informationsübung
Transfer
Abschluss
12.30
Mittag
14.30
Information:
Vortragen
Übung:
3'-Präsentation
Information:
Verhalten steuern
Schwierige Situationen
Parcours zur Körpersprache
So., 18.9.
Begrüßung
In Kontakt kommen
Programm
Lerntypen
+ Übung
18.00

In Kontakt kommen

> Es sind die Begegnungen mit Menschen,
> die das Leben lebenswert machen.
> *Guy de Maupassant*

TeilnehmerInnen wollen neben der inhaltlichen Orientierung mindestens genauso gerne wissen, mit wem sie es die nächste Zeit zu tun haben. Wer sind die anderen?

Um über einen längeren Zeitraum wirklich tragfähig zusammenarbeiten zu können, ist die Antwort auf diese Fragen bedeutsam. Und das können Sie methodisch gut unterstützen. Hier einige erprobte Angebote:

- Die Gruppe lebt von den Unterschieden: **Differenzierungsübung.** Die Teilnehmenden sammeln sich im Stehen nach vorgegebenen Ordnungskriterien in Kleingruppen, sie fragen sich so lange durch, bis sie in der richtigen Gruppe gelandet sind. Dann wenige Minuten miteinander ins Gespräch kommen. Hier ist der Fantasie keine Grenze gesetzt. Die Kriterien müssen nur trennscharf sein. Und dürfen nicht intim oder bloßstellend sein. Einfache Beispiele:
  - nach Herkunftsbundesländern
  - nach beruflichem Hintergrund (pädagogisch, juristisch, unternehmerisch, sozialarbeiterisch, …)
  - nach Studienrichtungen
  - nach Arbeitsjahren in 5-Jahresschritten
  - nach der Anzahl der MitarbeiterInnen
  - nach Sternzeichen

- **Paarvorstellung**

  Sie fordern Personen, die einander noch nicht kennen, auf, sich in Paaren zusammenzufinden.

  Oder Sie lassen den Zufall walten. Diese Paare haben zehn Minuten Zeit, sich über
  - die Arbeit
  - die eigene Person
  - sonst Wichtiges
  - den Grund des Seminarbesuches

  zu interviewen und stellen einander gegenseitig dem Seminarplenum vor. Jedes Paar wird mit einem Applaus belohnt. Achtung: Obergrenze 25 Personen, sonst dauert es zu lange.

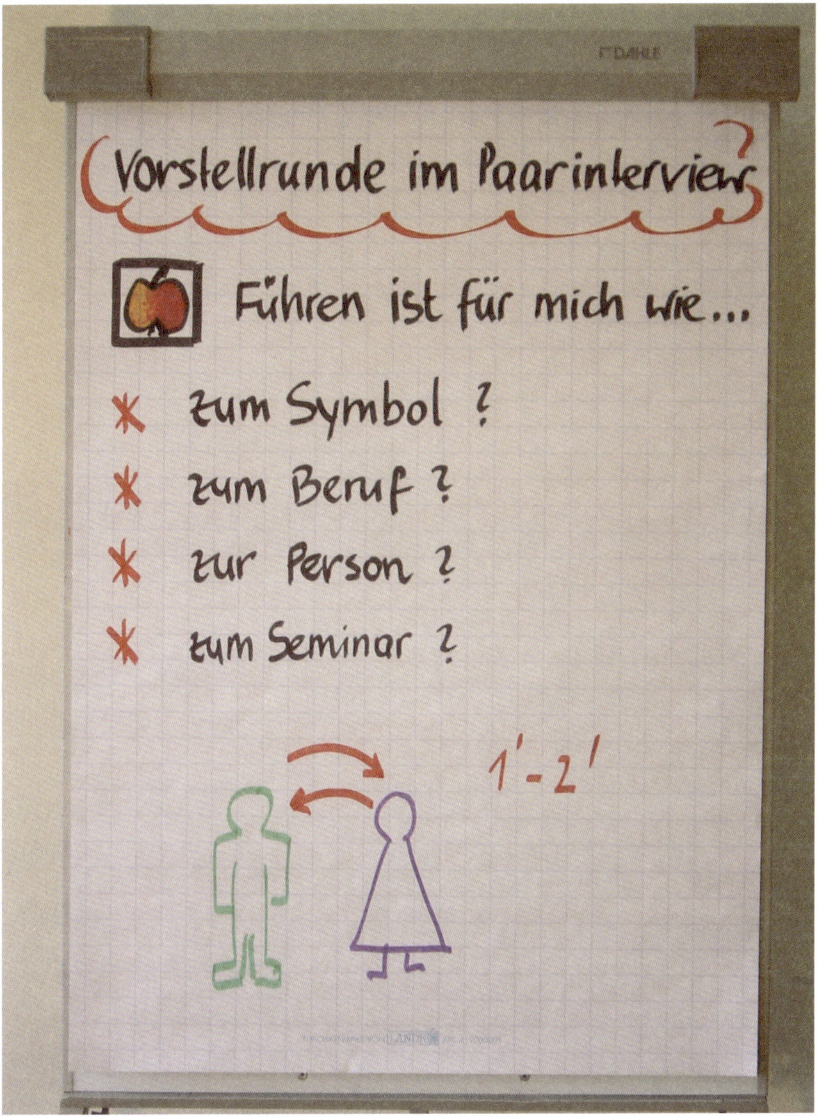
Vorstellrunde im Paarinterview
Führen ist für mich wie...
zum Symbol ?
zum Beruf ?
zur Person ?
zum Seminar ?
1'-2'

Symbolkärtchen

Wir verwenden Memorykärtchen aus dem Spielzeug unserer Kinder. Einfache klare Symbole. Die Kärtchen werden am Boden in der Mitte des Seminarraumes aufgelegt. Danach wird eine inhaltliche Analogie hergestellt: „Führen ist für mich wie ... ein Drache/eine Lokomotive/ein Apfel, weil ...“ (Motivieren, Unterrichten, Verhandeln, Verkaufen ist für mich wie, ..., weil ...). Die Teilnehmenden werden aufgefordert, sich ein für sie passendes Plättchen zu holen. Danach geht es weiter wie in der Paarvorstellungsrunde (s.o.) mit der Erweiterung, sich sehr ausführlich über die Analogie zu unterhalten. Dadurch wird diese Übung auch für Personen geeignet, die einander gut kennen, weil in der Person liegende Sichtweisen leichter zu Tage treten können.

Lernzielkontrolle

Sehr belebend ist nach dem Vorstellritual die Aufforderung: „Stehen Sie bitte alle auf, gehen Sie auf möglichst viele TeilnehmerInnen nacheinander zu und sagen, was Sie sich von ihr/ihm gemerkt haben.“ Damit schaffen Sie viel Nähe und ermöglichen Bewegung.

Begrüßungscocktail

Wir beginnen fast alle unsere Seminare am Abend. Insbesondere in länger dauernden Seminaren oder bei einem Follow-up laden wir zu einem gelenkten Cocktail-Gespräch ein. Mit einem Gläschen Wein oder Wasser in der Hand treffen die Teilnehmenden in immer wechselnden Zweiergesprächen aufeinander. Alle bekommen dieselbe Gesprächsaufgabe, nach einem akustischen Zeichen wird das Gegenüber gewechselt und ein neues Gesprächsthema vorgegeben:
- Zum Beruf?
- Zu den bevorzugten Hobbys?
- Wo wäre ich gerade, wenn ich nicht am Seminar wäre?
- Was ist mir aus dem letzten Seminar besonders in Erinnerung?
- Was lese ich gerade?
- Was verbindet mich mit dem Seminarort?
- Warum bin ich hier?
- Eigenschaften, die ich an Menschen schätze/nicht mag?
- Etc.

Vorstellen mit
Symbolkärtchen

Wer ist wer? Welches Schildchen stammt von wem?

Alle Teilnehmenden erhalten jeweils drei verschiedene (etwa Apfel, Herz, Pfeil) Post-its. Alle schreiben individuelle Antworten auf vorgegebene Fragen: Was mag ich an meiner Arbeit besonders? Was ist mir für die Entwicklung meines Unternehmens besonders wichtig? Was habe ich heute zum Frühstück gegessen? Wie möchte ich im Seminar angesprochen werden? Alle Schildchen werden ungeordnet an die Pinnwand geklebt, dann holen sich wieder alle drei verschiedene Schildchen (nicht die eigenen) und fragen sich so lange durch, bis die Schildchen an die Autorinnen und Autoren zurückgegeben werden können. Diese kleben sich während des Spiels die Post-its an. Diese Übung ist sehr belebend.

Berichtsrunde

Diese Übung arbeitet auch mit Analogien. Dabei werden A5-Bilder mit guten Ölkreiden selbst gemalt: abstrakt, satt, voll, es darf nichts weiß bleiben. Analogien können sein:

- Aus dem letzten Seminar ist mir besonders in Erinnerung:
- Die Anwendung des Gelernten war für mich wie …
- Eine gelungene Konfliktlösung ist für mich wie …

Mit dem Kunstwerk in der Hand treten die Teilnehmenden einzeln vor die Gruppe und berichten, ausgehend vom Analogiebild und anderen Leitfragen, was sich seit dem letzten Seminar getan hat.
Die Bilder werden in einen vorgefertigten Raster eingeklebt. Viele schöne Einzelbilder ergeben ein noch schöneres Gruppenbild. So schaffen Sie Gemeinsamkeit und ein WIR-Gefühl. Sie werden staunen!

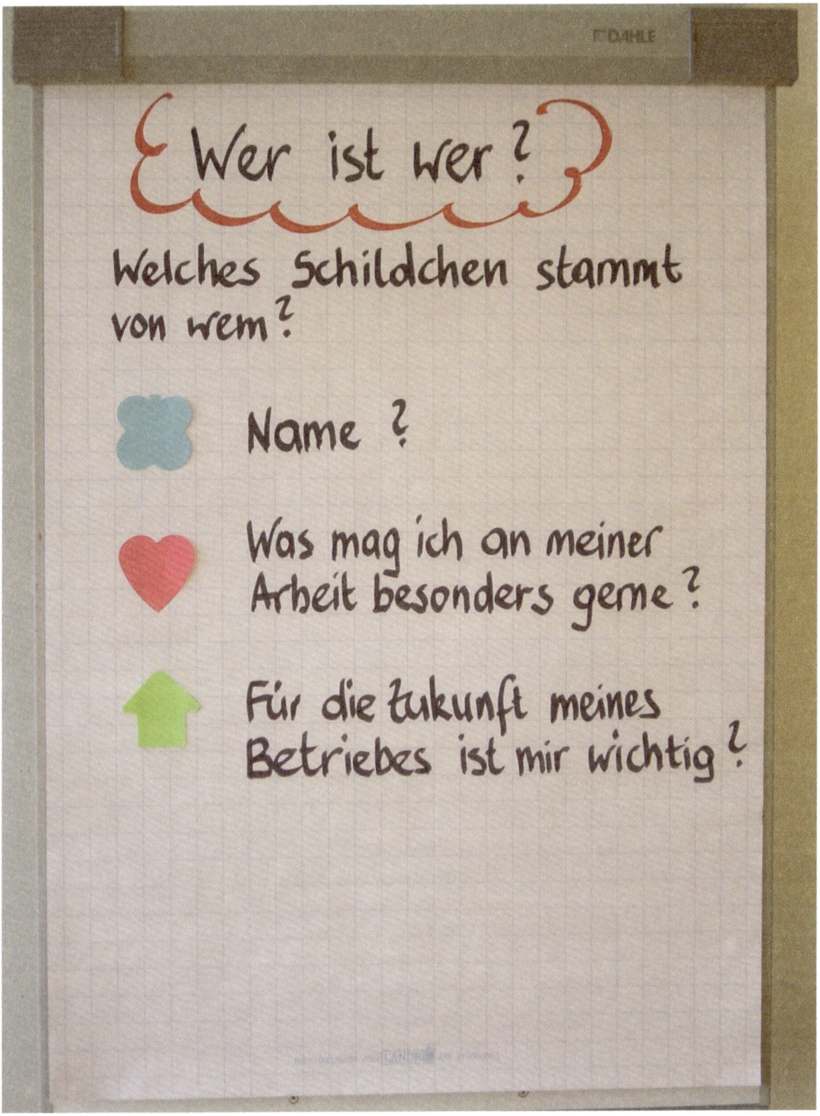
DAHLE
Wer ist wer?
Welches Schildchen stammt von wem?
Name?
Was mag ich an meiner Arbeit besonders gerne?
Für die Zukunft meines Betriebes ist mir wichtig?

Tagesmotto – Das Wort zum Tag

Es muss nicht Harenbergs Lexikon der Sprichwörter und Zitate sein, aber ein Fundus an gescheiten Sprüchen ist sehr wertvoll. Wir sammeln seit Jahren geeignete Aussagen, Spruchweisheiten und eben Sprichwörter und Zitate. Darin steckt oft verdichtetes Wissen oder Lebensweisheit. Je nach

- Seminarinhalt,
- Stand der Diskussion,
- Fragen, die uns bewegt haben,
- Ziele, auf die wir hinführen möchten,
- Themen, die zu hinterfragen sind,

wählen wir ein geeignetes Tagesmotto aus.

Wenn die Seminarteilnehmenden den Raum betreten, finden sie auf der Flipchart einen Spruch vor. Das ist eine der Möglichkeiten, Kontakt anzubieten. Und tatsächlich ergeben sich so schon oft vor dem Seminarbeginn interessante Gespräche.

Das Motto bildet oft eine Klammer über den Seminartag. Und wenn am Tagesende ein Aha-Erlebnis zur Bedeutung des Zitats entsteht, wirkt das besonders nachhaltig.

Für viele Teilnehmende sind die Mottos etwas, was sie oft sogar im wörtlichen Sinn mitnehmen. Manch eine Bürotür ist mit einem unserer Flipchartbögen geschmückt, auf vielen Schreibtischen oder Arbeitszimmerwänden befinden sich Duplikate der Sprüche.

Das ist unbewusste Ankertechnik: mit dem Motto wird Seminarstimmung, Diskussion und Inhalt verbunden und viel mehr als nur das konkrete Zitat präsent gehalten.

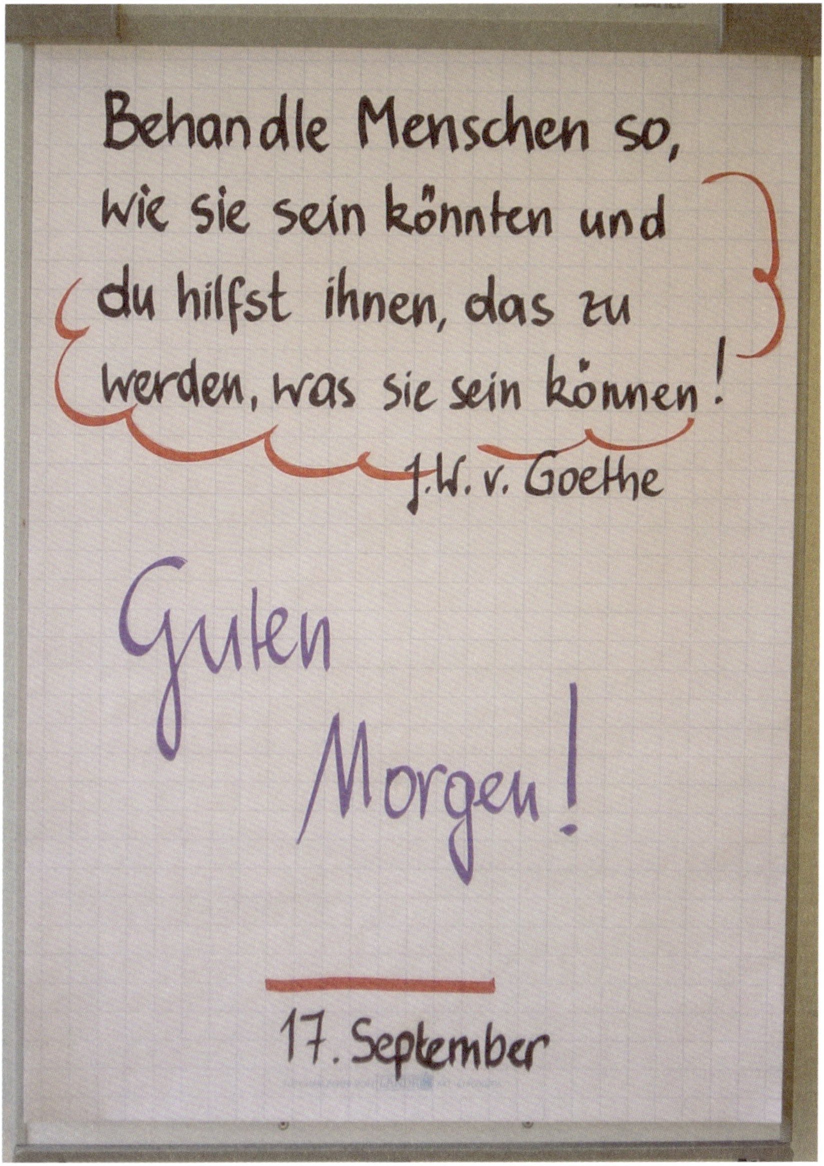
Behandle Menschen so,
wie sie sein könnten und
du hilfst ihnen, das zu
werden, was sie sein können!
J.W. v. Goethe
Guten
Morgen!
17. September

2. Wirksam vortragen

Vorträge halten und präsentieren

Dieses Kapitel wendet sich an Vortragende und Seminarleiter und so werden beide Aspekte hier behandelt:

- Sie halten einen einzelnen Vortrag, vermutlich mit anschließender Diskussion.
- Sie geben als Seminarleiter Informationsinputs im Rahmen eines Seminars.

Wir verstehen Seminare als rhythmische Abfolge von darbietenden Teilen, Verarbeitungen, Übungen und Auflockerungen.

Die darbietenden Teile (Informationsinputs) sind nichts anderes als – meist kürzere – Vorträge. Einen ersten Informationsinput im Seminar geben die Seminarleiter, wenn sie sich selbst und das Programm vorstellen.

Wesentliche Anhaltspunkte für wirksame Vorträge auf den Punkt gebracht:

1. Machen Sie sich selbst klar, was Sie sagen wollen.
2. Das präsentieren Sie dann anschaulich, anregend, kurz und bündig.
3. Am Schluss fassen Sie Ihre „Botschaft" nochmals zusammen.

Was brauchen Sie dazu?

- Ein Ziel zu haben, ist die erste und beste Strukturierungshilfe. Was ist mein Ziel, meine „Botschaft" (z.B. Informationsvermittlung oder Überzeugung)? Was sollen die Teilnehmer danach wissen, können oder tun?
- Vorträge brauchen eine Struktur und „Bilder" (siehe Visualisierung mit Medien), damit die Teilnehmer gut folgen können.
- Vortragende müssen vom Zuhörer her denken. Beachten Sie, dass die Schnittmenge zwischen dem, was Sie präsentieren, und dem, was die Teilnehmer interessiert und was sie brauchen, möglichst groß ist.
- Ein guter erster Eindruck ist wichtig. Wie verhalte ich mich beim Start eines Vortrags?

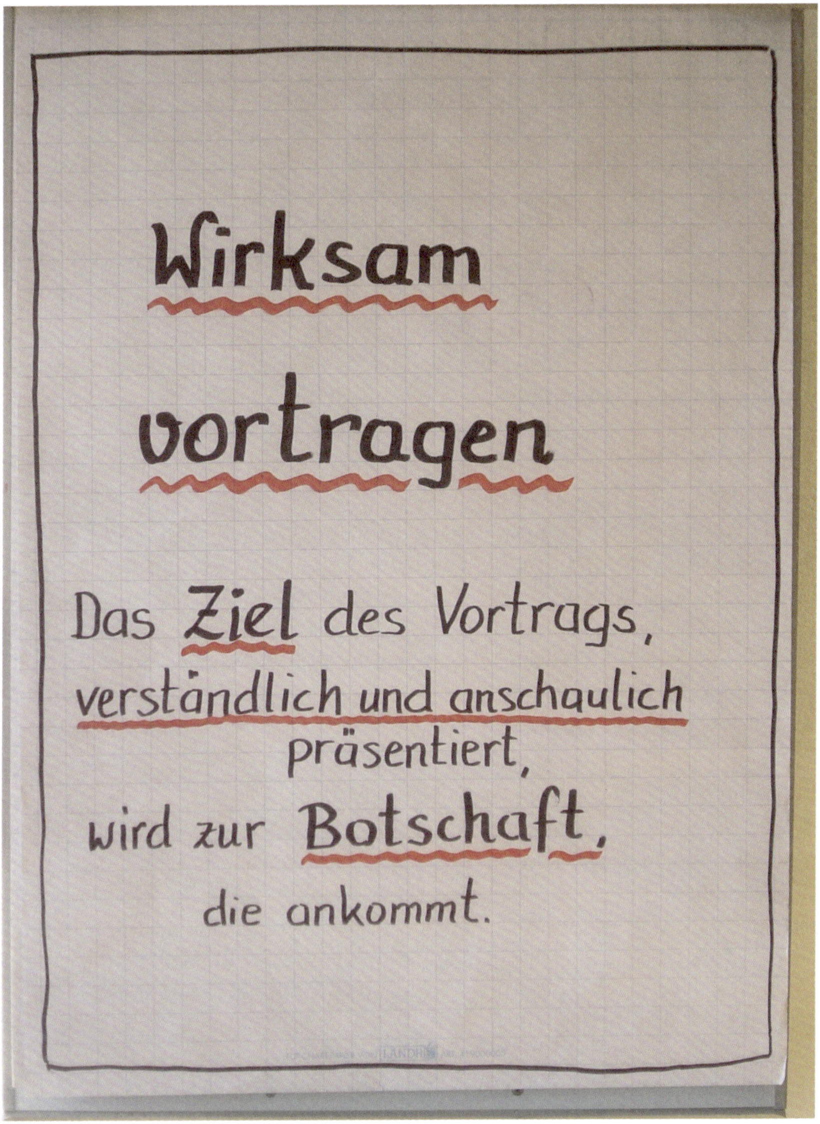
Wirksam
vortragen
Das Ziel des Vortrags,
verständlich und anschaulich
präsentiert,
wird zur Botschaft,
die ankommt.

Die Vorbereitung

Schreiben Sie Ihr Drehbuch zum Vortrag bzw. Seminar!

Was ist eine gute Vorbereitung? – Eine intensive? Je mehr Zeit ich darauf verwende, desto besser?

Für uns ist eine Vorbereitung gut, wenn sie effektiv ist. Die wichtigen Punkte sind in eine stimmige Form und eine lebendige Abfolge gebracht. Wir verwenden dafür die Metapher „Drehbuch".

- Meist steht das Vortrags- oder Seminarthema bereits fest. Versuchen Sie, das Ziel (die Intention) bzw. die Ziele, die hinter dem Thema stecken, herauszufinden! Worum geht es eigentlich? Was soll herauskommen?
- Damit der Vortrag bzw. das Seminar dann auch wirklich die Intentionen und das Thema genau trifft:
  - Formulieren Sie *eine* Kernaussage (Worum geht es?). Z. B.: Die Seminardidaktik umfasst Hinweise zur Planung und Durchführung von Seminaren. Oder: Die Seminardidaktik hilft Fachleuten, ihr Wissen erfolgreich an andere weiterzugeben.
  - Formulieren Sie ein bis fünf Lernziele (Was wissen oder können die Teilnehmer nach dem Vortrag bzw. Seminar?).
- Schauen Sie das Thema von verschiedenen Seiten an und sammeln Sie Ideen. Es sind dabei nicht nur inhaltliche Ideen gemeint, sondern auch Methoden, Zugänge, Sprüche, Bilder usw.
- Ordnen Sie die gesammelten Ideen und treffen Sie eine Auswahl. Danach werden die ausgewählten Punkte in den für den Vortrag bzw. das Seminar vorgesehenen Zeitrahmen eingepasst.
  Damit ist das Programm für den Ablauf im Wesentlichen fertig. Nun folgt die Aufbereitung der Programmpunkte. Jetzt entstehen die Bilder. Jetzt entsteht das, was im Film den einzelnen Einstellungen entspricht.

Was sind „Bilder"?

- Bilder sind eher nicht die hastige Aneinanderreihung von Punktationen auf Folien am Overhead oder am PC.
- Bilder zeigen die Aussagen oder Zusammenhänge in einer bildhaften Darstellung, sie sind ähnlich gestaltet wie Plakate
- Bilder werden sehr dosiert eingesetzt. Pro 5–15 Minuten Redezeit wird ein Bild entwickelt oder präsentiert.
- Für die Teilnehmer entsteht so ein überschaubarer Bilderbogen („Film"), der ihnen das Zuhören und Behalten sehr leicht macht.

"Drehbuch"
Von der Idee zum Konzept
1. Thema wählen
2. Ideen sammeln
3. Kern-aussage
4. Information visualisieren
5. Lernziele formulieren

Assoziationen zu einem Thema

Ein Bild aus Worten!

Wortbilder sind hilfreich, aufschlussreich, lustig und einfach herzustellen.

Man nehme ein größeres Blatt und schreibe das Thema oder den Hauptbegriff daraus in die Mitte groß und in Druckbuchstaben auf. Nun beginnt das Assoziieren: Was fällt mir dazu alles ein? All das wird aufgeschrieben, indem man die Buchstaben des Hauptbegriffs und in der Folge auch die der anderen bereits geschriebenen Wörter einbezieht. Es entsteht eine Art „aufgelöstes Kreuzworträtsel".

Besonders lebendig und heiter wird das Wortbild, wenn manchmal statt Wörtern Bildsymbole eingebaut werden.

Wortbilder können sehr aufschlussreich sein, weil sie einem einen Spiegel vorhalten: Was und vor allem wie denke ich eigentlich über ein Thema? Sehe ich es zu problembeladen, zu rosig oder zu einseitig?

Die Einsatzmöglichkeiten von Wortbildern sind unglaublich vielseitig:

- Als Ideenlieferant in der Vorbereitung,
- als aktivierende Methode in Einzelarbeit, Kleingruppe oder Plenum während des Seminars,
- teils auch eingebaut in Vorträge oder
- in der Nachbereitung als Grundlage für weiterführende Seminare oder zur Reflexion und Qualitätssicherung der eigenen Tätigkeit.

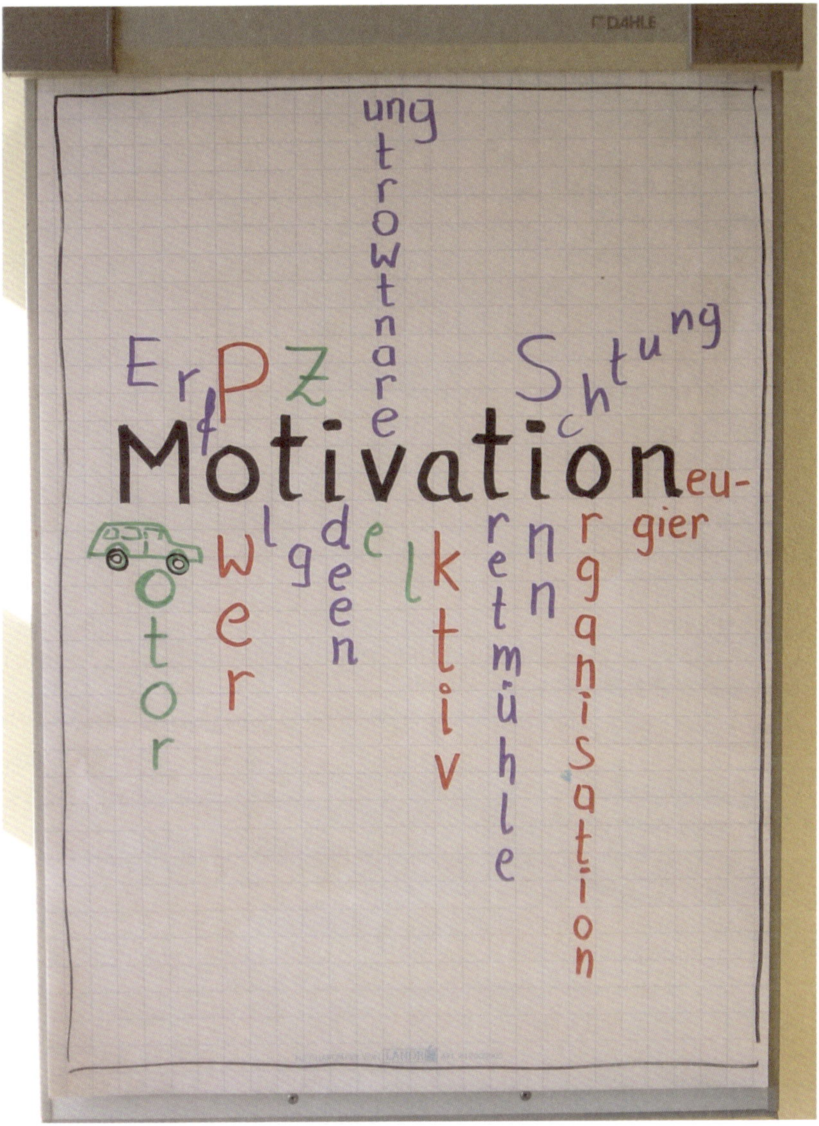
Motivation
eu-
gier

Thema und Teilnehmer passen zusammen

Die Aufbereitung des Themas und die Art der Präsentation müssen auf die zukünftigen Teilnehmer abgestimmt sein.

Vorträge und Seminare sind selten „Konfektionsware“, sie werden im Allgemeinen individuell angefertigt und gestaltet. Eine effektive Vorbereitung braucht einen Blick auf die zu erwartenden Teilnehmer.

Teilnehmer haben Gründe, warum sie in die Veranstaltung kommen: Berufliche Erfordernisse und bestimmte Ziele und Erwartungen, weil es angeordnet wurde, weil man hofft, nette Leute zu treffen, aus persönlichem Interesse …

Teilnehmer bringen also bereits einiges mit, wenn sie in die Veranstaltung kommen. Sie bringen Vorwissen, das manchmal sehr unterschiedlich sein kann, und einen reichen Hintergrund an Berufs- und Lebenserfahrung mit.

Und Teilnehmer bringen auch Emotionen mit – Erwartungen, Wünsche, Neugier, Vorurteile, Befürchtungen usw.

Vortragende und Seminarleiter nehmen die vorhandenen Kompetenzen und Emotionen als reale Gegebenheiten, sie urteilen nicht darüber, sondern berücksichtigen sie einfach.

Für diese Berücksichtigung ist eine gute **Teilnehmeranalyse** nötig. Dafür genügt ein einfaches Formblatt, in das Notizen zu folgenden Aspekten eingetragen werden:

- Vorwissen und Kompetenzen,
- vermutete Gründe für die Teilnahme (Bedarfe, Ziele, Verwendung, Konsequenzen, …),
- mitgebrachte Einstellungen und Emotionen,
- Gewohnheiten und Erwartungen bezüglich Präsentation und Beteiligung,
- Dynamik zwischen den Teilnehmern (Vorgesetzte – Mitarbeiter, verschiedene Abteilungen, Frauen – Männer, …).

Woher bekommen Sie die Anhaltspunkte für die Teilnehmeranalyse?
Manches steht auf der Anmeldeliste, alles andere ist meist beim Auftraggeber zu erfahren.

Fassen wir zusammen:
Die inhaltliche Vorbereitung ist das eine, der Blick auf die zukünftigen Teilnehmer das andere. Beide, Sache und Personen, sollen zusammenpassen und zusammenfinden. Das ist die Kunst des Lehrens.

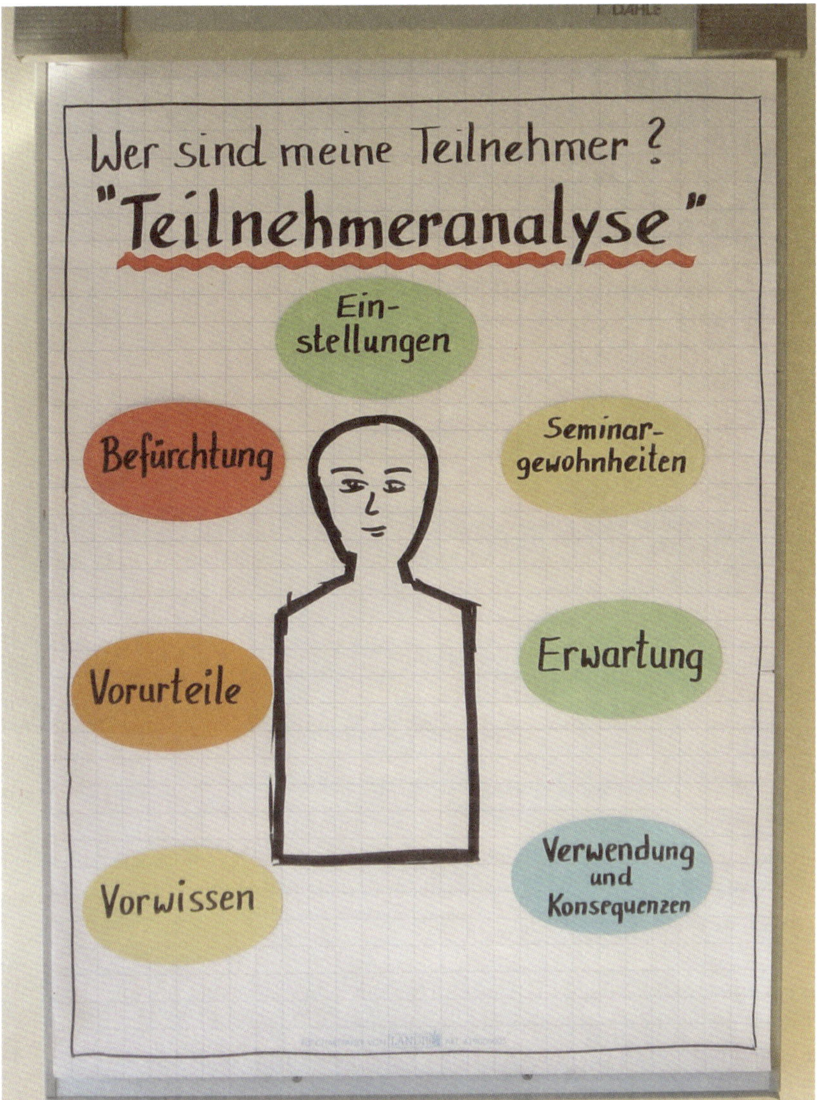
Wer sind meine Teilnehmer?
"Teilnehmeranalyse"
Ein-
stellungen
Befürchtung
Seminar-
gewohnheiten
Vorurteile
Erwartung
Vorwissen
Verwendung
und
Konsequenzen

Wie viel Information kommt drüben an?

Gesagt ≠ gehört, gehört ≠ verstanden, verstanden ≠ einverstanden

Der Weg der Information ist eine regelrechte Hindernisbahn.

Ein erstes Hindernis besteht darin, ob der Empfänger überhaupt zuhört. Vielleicht ist er abgelenkt, müde oder denkt an etwas anderes.

Ist nun sichergestellt, dass die Empfängerseite – die Zuhörer – akustisch die gleichen Worte hören, wie sie vom Vortragenden ausgingen, taucht gleich das zweite Hindernis auf: Kann der Zuhörer den Ausführungen des Vortragenden folgen? Versteht er die dargestellten Inhalte, Begriffe und Zusammenhänge? Kurz: Ist der Vortrag verständlich genug?

Ist auch die Verständlichkeit gegeben, wird es erst so richtig spannend: Dem Sender (Vortragenden) ist meist viel zu wenig bewusst, dass er nicht nur Worte (verbale Kommunikation), sondern erheblich mehr andere Signale und Botschaften aussendet. Dazu zählt die gesamte nonverbale Kommunikation, nämlich stimmliche Einfärbungen (Betonung, Pausen, Akzent usw.) sowie Mimik, Gestik und Haltung als körpersprachliche Signale. Auf die Zuhörer treffen also 20 % verbale und 80 % nonverbale Informationen. Was tut der Zuhörer mit der Information? Er vergleicht die neue Information mit dem, was er schon weiß, und vor allem: Er deutet und bewertet sie (bewusst oder unbewusst). Überzeugt mich der Vortragende? Ist es wichtig? Was vergesse ich am besten gleich wieder? Was erzeugt in mir Widerspruch? So vermeint der Zuhörer öfters Dinge wahrzunehmen, die der Vortragende niemals (so) gesagt bzw. gemeint hat.

Zusammengefasst liegen uns also drei Teile einer Information vor:

- Gesendete Information, die nicht ankommt,
- empfangene Information, die nicht gesendet wurde, und
- die Übereinstimmung von gesendeter und empfangener Information.

Der Anteil von „übereinstimmender Kommunikation" soll in Alltagsgesprächen nur 12 % betragen! Das erklärt viele Missverständnisse.

Bei Vorträgen und Seminaren versuchen wir, diesen Bereich möglichst stark zu vergrößern. Wenn es Vortragenden gelingt, die Botschaft wirklich „rüberzubringen", dann gilt: **Gesagt = einverstanden**

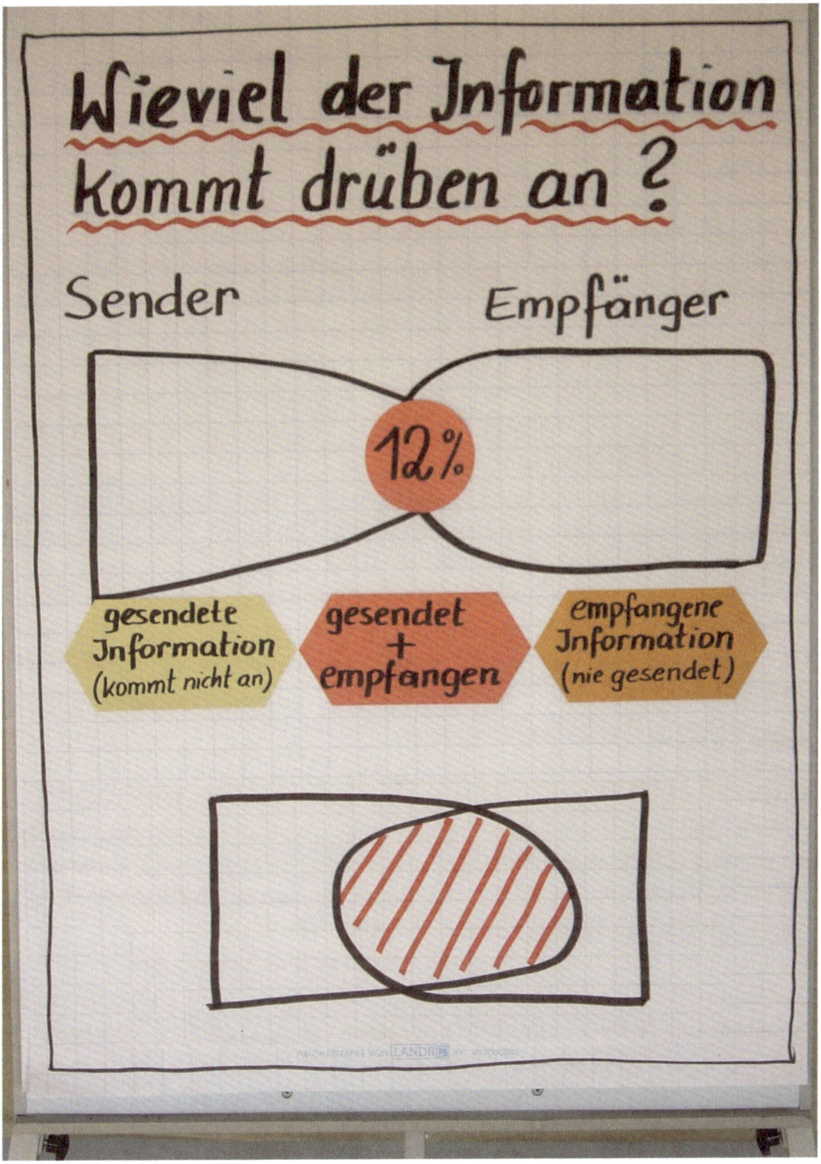
Wieviel der Information
kommt drüben an?
Sender
Empfänger
12%
gesendete
Information
(kommt nicht an)
gesendet
+
empfangen
empfangene
Information
(nie gesendet)

Den Lernertrag sichern

„Nur wenn alle das Ziel kennen, stimmt die Richtung."

Vortragende lassen sich oftmals in eine bestimmte Falle locken: Sie wollen perfekt sein in dem Sinn, dass sie möglichst viel, am besten alles zum Thema darstellen. Vorgaben im Lehrplan (bzw. des Auftraggebers) und dicke Skripten begünstigen diese Tendenz zur Stofffülle. „Das muss ich doch alles vortragen", lautet die innere Devise. – Aber, Moment mal, wozu denn eigentlich? Was davon kommt wirklich drüben an? Was bleibt hängen?

Vortragende sind gut beraten, einmal die Perspektive zu wechseln: Was soll gesichert bei den Teilnehmern ankommen? Was soll in welcher Qualität wirklich gewusst und gekonnt werden?

Die Auswahl ist entscheidend und ebenso die Art der Darbietung, dass die Teilnehmer einen gesicherten Lernertrag mitbekommen.

Vier Punkte sichern das Ankommen von Informationen, zwei betreffen die Auswahl und zwei die Art der Darbietung:

- Ich muss den Kern der Sache erfassen und sichtbar machen: Was ist das Wesentliche? Was sind grundlegende Begriffe, Informationen und Anwendungen? Was sind treffende Beispiele, die das Gesagte exemplarisch untermauern?
  Grundlegendes Wissen und Können werden als **Lernziele** formuliert.
- Der Lernende braucht Strukturen, um die Informationen richtig zuordnen zu können: Strukturen bestehen aus Schlüsselbegriffen und Zusammenhängen. Für Strukturen bieten sich Bildmuster an: Baum mit Ästen, Regelkreismodell, Vier-Felder-Fenster, Pyramide usw.
- Bilder unterstützen Aufnahme und Behalten: Die Darstellung der Strukturen führt direkt zum Bild. Übersichten und Bilder sind einprägsam und bleiben haften. Bilder sind belebend, lösen eigene Gedanken und Assoziationen aus und fördern die innere Beteiligung oder das Gespräch.
- Die Darbietung der Information soll möglichst verständlich sein: Verständlichkeitskriterien (siehe übernächstes Kapitel) zeigen, wie Information „mundgerecht" aufbereitet wird.

Werden Inhalte gezielt ausgewählt, Strukturen und Bilder geboten und verständlich dargestellt, so lässt sich mit ruhigem Gewissen sagen:

„Weniger ist mehr!"

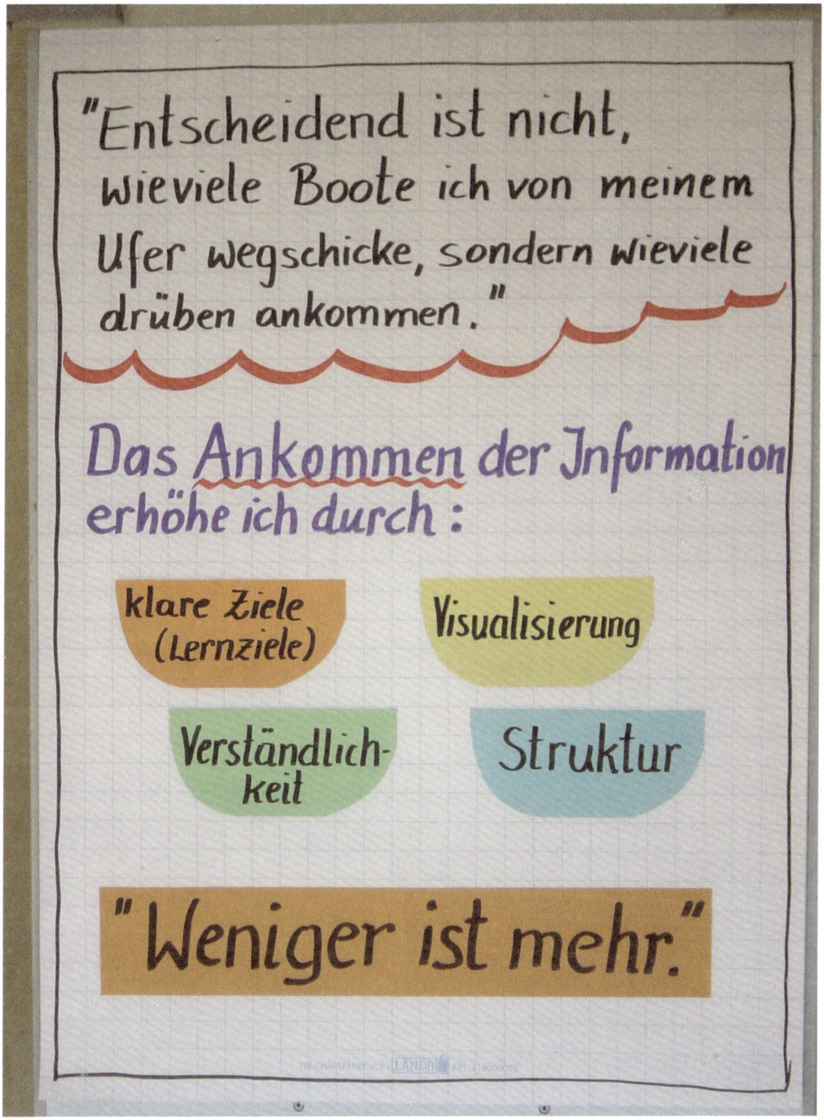
"Entscheidend ist nicht, wieviele Boote ich von meinem Ufer wegschicke, sondern wieviele drüben ankommen."
Das Ankommen der Information erhöhe ich durch:
klare Ziele (Lernziele)
Visualisierung
Verständlichkeit
Struktur
"Weniger ist mehr."

Gewusst wohin: Lernziele

**„Wenn man nicht genau weiß, wohin man will,
landet man leicht da, wo man gar nicht hin wollte." Robert Mager**

Gerade wenn man von seinem Thema beseelt ist, verliert man sich leicht darin. Nicht nur deshalb ist die Orientierung an Zielen, das Formulieren von Lernzielen eine ausgezeichnete Planungs- und Strukturierungshilfe.

Lernziele geben die Richtung klar vor und nehmen dabei den **Lern**enden zum Ausgangspunkt: Was sollen die Teilnehmer nachher wissen, können oder tun? Und was brauchen sie dazu?

Lernziele erleichtern die Stoffauswahl und Strukturierung. Lernziele sollen den Teilnehmern mitgeteilt werden. Dann wissen die Teilnehmenden, was wichtig ist, was zur Prüfung kommt, wie die Beurteilungsmaßstäbe sind.

Wie werden Lernziele formuliert? Lernziele beschreiben ein Endverhalten, das nach erfolgter Unterweisung gezeigt werden kann. (Das Erreichen der Lernziele wird damit von außen beobachtbar und überprüfbar.) Sprachlich bestehen sie aus zwei Teilen, einem Inhaltsteil und einem Verhaltensteil („Tunwort").

Beispiele:

- Fünf Punkte aus der Checkliste „Anfang" aufzählen können.
- Mit Moderationsstiften auf Plakaten gut lesbar schreiben können.
- Der Teilnehmer kann mit dem Gesprächspartner Blickkontakt halten.

Lernziele können für kognitive Leistungen, für Einstellungen und soziales Verhalten oder für motorische Fertigkeiten formuliert werden.

Wiedergeben, Anwenden oder Kombinieren sind qualitativ verschiedene Schwierigkeitsgrade.

Sie merken, dass Lernziele ein exaktes Durchdenken des Vortrags oder Seminars erfordern. Aber es ist eine heilsame Denkdisziplin, denn sie schafft Klarheit.

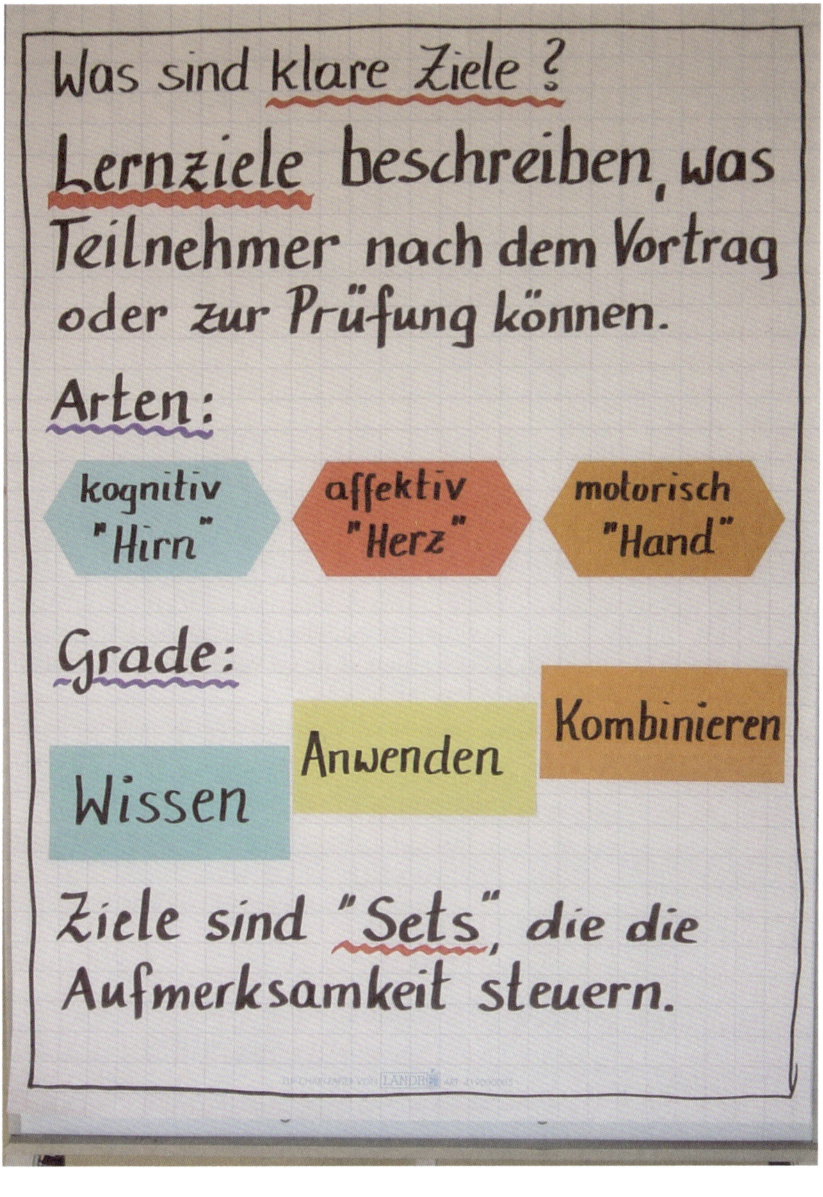
Was sind klare Ziele?
Lernziele beschreiben, was Teilnehmer nach dem Vortrag oder zur Prüfung können.
Arten:
kognitiv "Hirn"
affektiv "Herz"
motorisch "Hand"
Grade:
Wissen
Anwenden
Kombinieren
Ziele sind "Sets", die die Aufmerksamkeit steuern.

Verständlichkeit

„Ich verstehe zwar nichts, aber es muss ein kluger Kopf sein, der da spricht."

Verständlichkeit ist erlernbar, beobachtbar und messbar. Das hat ein Hamburger Forschungsteam (Langer, Schulz von Thun, Tausch) herausgefunden.

Das Konzept der Verständlichkeit gilt sowohl für geschriebenen Text als auch für Gesprochenes im Vortrag. Verständlichkeit trägt ganz wesentlich dazu bei, dass die richtigen Informationen annehmbar und aufnehmbar bei den Zuhörern ankommen.

Das Konzept der Verständlichkeit besteht aus vier Eigenschaften, die zu beobachten sind. Die Beschreibung dieser Eigenschaften wird noch deutlicher, wenn auch die Kehrseite dargestellt wird. Das zeigt die neben stehende Zusammenstellung:

Die ideale Ausprägung liegt im gelb eingerahmten Bereich. Die Fähigkeit, so vorzutragen, ist trainierbar.

Texte und Vorträge sollen also einfach gestaltet und gut gegliedert sein. Sie sollen eher kurz – nicht zu kurz! – sein und sie sollen ein mittleres Maß an Anregungen und Auflockerungen enthalten.

Es gilt das Motto: „Alles, was man sagen kann, kann man auch verständlich sagen."

Einfachheit	++	+	o	–	– –	Kompliziertheit
Kurze einfache Sätze						Lange, verschachtelte Sätze
Geläufige Wörter, Fachwörter erklären						Ungeläufige Wörter, Fachwörter nicht erklärt
Konkret						Abstrakt
Anschaulich						Unanschaulich

Gliederung, Ordnung	++	+	o	–	– –	Ungegliedertheit, Zusammenhanglosigkeit
Gegliedert						Ungegliedert
Folgerichtig, der rote Faden bleibt sichtbar						Zusammenhanglos, wirr, man verliert den roten Faden
Übersichtlich, alles kommt schön der Reihe nach						Unübersichtlich, alles geht durcheinander
Gute Unterscheidung von Wesentlichem und Unwesentlichem						Schlechte Unterscheidung von Wesentlichem und Unwesentlichem

Kürze, Prägnanz	++	+	o	–	– –	Weitschweifigkeit
Zu kurz, knapp						Zu lang, ausführlich
Gedrängt, aufs Wesentliche beschränkt						Breit, viel Unwesentliches
Aufs Lernziel konzentriert						Abschweifend
Jedes Wort ist notwendig						Vieles hätte man weglassen können

Zusätzliche Stimulanz	++	+	o	–	– –	Keine zusätzliche Stimulanz
Anregend, Bilder						Nüchtern
Interessant, Beispiele						Farblos, langweilig
Abwechslungsreich						Gleichbleibend neutral
Persönlich						Unpersönlich

Die Leinen los: Der erste Eindruck

Das alles haben Sie bereits abgehakt:

- ✔ Der Auftrag für den Vortrag, das Seminar ist klar.
- ✔ Die Lernziele passen.
- ✔ Ihr „Drehbuch“ für die Veranstaltung steht.
- ✔ Sie haben ein erstes Bild von den Zuhörern bzw. Teilnehmern.
- ✔ Die Unterlagen sind vorbereitet.
- ✔ Die Medien stehen bereit und die Geräte funktionieren.
- ✔ Die Zuhörer bzw. Teilnehmer haben Platz genommen und blicken erwartungsvoll auf Sie …

… und nun treten Sie das erste Mal vor die Zuhörer oder vor die Gruppe.

Zeigen Sie sich für den ersten Eindruck „in voller Länge“. Das gilt auch dann, wenn Sie am Beginn vom Veranstalter vorgestellt werden.

Danach treten Sie ein Stück an die Teilnehmer heran; zeigen Sie sich. Erscheinen Sie nach Möglichkeit nicht hinter Tischen und Apparaturen.

Jetzt brauchen Sie:

- Positive Gedanken: Ich bin gut vorbereitet. Hier ist ein nettes Publikum. Wir haben wichtige Lernziele. Usw.
- „Eine Pause vor dem Start“: Einige Sekunden ruhig und ohne zu sprechen dastehen.
- In dieser Zeit in die Runde schauen, Blicke sammeln, eher auf die freundlichen Gesichter achten.
- Selbst auch ein freundliches Gesicht zeigen. („Wie man in den Wald ruft, so kommt es zurück.“)
- Die Körperhaltung: Ein freier Stand, Füße schulterbreit, Knie leicht gebeugt, Oberkörper und Kopf aufrecht, Hände oberhalb der Gürtellinie vor dem Körper – das wirkt aktiv und signalisiert Bereitschaft zum Handeln.

Bis jetzt haben Sie für einen guten ersten Eindruck gesorgt. Erst jetzt beginnen Sie zu sprechen.

So starte ich einen Vortrag:
1. nonverbal
freundliches Gesicht
Achtung Vampire!
Pause vor dem Start
Blicke sammeln
freier Stand ('Surfbrett')
selbst positiv eingestellt
Raum und Geräte o.k. ✓
Brücke zu den Tn.

Start verbal: Die ersten Sätze

Nach dem nonverbalen ersten Eindruck warten die Teilnehmer nun auf die ersten Sätze und Handlungen.

Der erste Satz gehört der Begrüßung, kurz und freundlich. Danach folgt die Einleitung. Sie besteht aus persönlicher Vorstellung, Einstieg, kurzer Einführung ins (eigentliche) Thema und der Programmübersicht zur Orientierung.

Ein guter Einstieg wirkt wie ein Anker, an dem das Thema festgemacht wird. Ideen dafür sind: Ein aktuelles Ereignis, eine rhetorische Frage, ein treffendes Beispiel, ein Zitat, eine Karikatur, eine besondere Statistik usw. Kein verkrampfter Scherz oder plumpe Schmeicheleien. Kurz und treffend soll der Einstiegsanker sein, sonst sollten Sie lieber darauf verzichten.

Damit sind wir bei der Einführung ins Thema. Die Einführung nennt das Thema, beschreibt, was darunter zu verstehen ist und den persönlichen Bezug des Vortragenden dazu. Hier nützen Sie als Vortragender auch die Chance, die Zuhörer bzw. Teilnehmer mit dem Thema in Beziehung zu bringen. Sie nennen die (Lern-)Ziele, woran die Teilnehmer den Lernerfolg erkennen werden, den Nutzen, den sie haben werden usw. Der Gedanke, den Sie als Vortragender dabei haben, ist: „Ich bin dafür da, dass Sie, die Teilnehmer, profitieren."

Letzter Punkt der Einleitung ist die Orientierung bezüglich Inhalt und Zeitplan. Sie stellen, am besten visualisiert, die Struktur des Vortrags, den Programmablauf und die Arbeitszeiten vor.

Nun ist der Vortrag bzw. das Seminar in Fahrt und es folgen die inhaltlichen Hauptteile.

So starte ich einen Vortrag:
2. verbal
Start
5 cm
Hallo!
Teilnehmer haben Orientierung und den Eindruck eines kompetenten Vortr.

An dieser Stelle noch zwei rhetorische Tipps für Vortragende:

- Zuerst zum Sprechen: Wo entstehen die Töne? Entsteht der Ton im Bauch, in der Brust, im Hals oder im Mund? Physikalisch gesehen nimmt der Ton seinen Ausgang bei den Stimmbändern. In der bildlichen Vorstellung sollte der Ton 5 cm vor dem Mund entstehen, dann ist die Sprache schon auf dem Weg zu den Zuhörern. Und das Luftholen und Sprechen fällt leichter.
- Was tun bei Lampenfieber? Lampenfieber ist eine erhöhte Aktivitätsbereitschaft und damit eine Stressreaktion. Eine Portion Lampenfieber und damit Stress sind in der Anfangssituation völlig normal. Sogar erfahrene Schauspieler, die jahraus, jahrein vor Publikum auftreten, geben zu, dass sie aufgeregt sind.

  Eine Portion Lampenfieber ist sogar förderlich. Körper und Geist sind bereit, loszustarten. Energie wird bereitgestellt.

  Das Problem beginnt, wenn das Lampenfieber zu hoch wird, wenn der Stress das Denken blockiert und der Körper zittert.

  Hier hilft:

  ✔ Sich oft bewusst machen: Ich bin positiv eingestellt und mir meiner Sache sicher.

  ✔ Den Start detailliert vorbereiten, Spickzettel verwenden.

  ✔ Auf die aufmunternden und zustimmenden Gesichter im Publikum schauen.

  ✔ Bewusst ausatmen und dabei Anspannung loslassen.

  ✔ Passende Aktivitäten und geplante Ortsveränderungen. Z.B.: Erst auf das Programm zeigen und dann 5 Schritte weggehen und sprechen. Oder etwas austeilen usw. Aktivitäten reduzieren das Zuviel an Energie.

Sind die ersten Minuten überstanden, sind der Vortragende, seine Energie und das Thema so richtig in Fluss gekommen.

Ein bebilderter Spickzettel für den Start
Soll heißen:
– Ich freue mich, dass Sie da sind
– an diesem schönen Ort
– dass wir pünktlich beginnen können
– Sie eine gute Anreise hatten
– Es wartet auf Sie ein buntes Programm
– von dem Sie viel mitnehmen können
– nun geht es los!

Die Teilnehmer gewinnen

Wie wirke ich überzeugend?

Was bewirkt, dass sich Teilnehmer gebannt, mit offenen Augen und Ohren, auf die Ausführungen konzentrieren? Was macht es aus, dass ein Vortragender überzeugt, dass er buchstäblich Verstand und Herz der Zuhörer gewinnt? Brauche ich dazu Charisma? Und ist dieses nicht naturgegeben, man hat es oder eben nicht?

Greifen wir zur Beantwortung dieser Frage das Bild einer möglichst großen Übereinstimmung zwischen dem, was Vortragende sagen, und dem, was Teilnehmer aufnehmen, wieder auf:

Bildlich gesprochen steht am Beginn des Vortrags jede Person auf einer eigenen „Insel", der Vortragende auf seiner, jeder Zuhörer auf einer eigenen.

Nun gilt es die „Insel" des Vortragenden mit den „Inseln" der Teilnehmer in möglichst große Übereinstimmung zu bringen. Dazu braucht es Schnittstellen und Übergänge.

Erste Brücken sind durch Blickkontakt, Gestik, Mimik und Einstieg bereits entstanden. Nun wird an der Annäherung oder Verbindung der Inseln weitergebaut:

- Die Sachkompetenz des Vortragenden und sein Wissen um das Berufsfeld der Zuhörer sollen sichtbar werden. Der Vortragende trifft die wesentlichen Punkte, nennt treffende Beispiele und zeigt Anwendungen für das Berufsfeld der Zuhörer. Zum Beispiel ist der Zugang zum Thema „Zeitmanagement" für Freiberufler anders als für Mitarbeiter in der Verwaltung. Der Bezug zum Berufsfeld muss spürbar werden.
- Es gibt einen Auftrag, den Vortragende und Seminarleiter zu erfüllen haben, und es gibt Ziele, was erreicht werden soll. Die gemeinsamen Ziele verbinden den Vortragenden mit den Teilnehmern.
- Die Zielerreichung ist die eine Seite der Medaille, der wertschätzende Umgang die andere. Beide gehören zusammen. Das Motto dazu: Klar in der Sache und wertschätzend im Umgang.

Wie wirke ich überzeugend?
Viele Schnittstellen!
eigene Einstellung u. Selbstverständnis:
Auftrag + Wertschätzung
Sachkompetenz: klar, Beispiele
"Sprechdenken"
Tn. einbeziehen: rhetor. Fragen bis jemand erklärt etwas
"Der Köder soll dem Fisch schmecken, nicht dem Angler!"

- Das „Vorlesen" eines Textes überzeugt nicht wirklich. Das freie Formulieren nach vorbereiteten Strukturen und Bildern lädt zum Mitmachen ein.
- Ist die Teilnehmergruppe überschaubar genug (bis ca. 20 Personen), können Teilnehmer durch Fragemöglichkeit und Ansprechen direkt einbezogen werden.
  Möchte ich lieber ungestört referieren, so können rhetorische Fragen das artikulieren, was die Teilnehmer bewegt.
- Bilder überzeugen, wenn sie persönlich, packend und lösungsorientiert sind („story-telling").
- Vortragende gewinnen, wenn sie nicht nur auf der Ebene der Wasseroberfläche (im Inselbild) bleiben, wenn sie an das andocken können, was Teilnehmer leitet und bewegt. In welcher Richtung gehen die Erwartungen, Wünsche und Visionen der Teilnehmer und wie kann ich darauf Bezug nehmen?
  Was sind die Motive und Antriebe oder auch Befürchtungen und aufgestauten Frustrationen und wie kann ich Gefühlslagen erkennen, aufnehmen, verstärken oder verändern? Gelingt es Ihnen, Beweggründe und Gefühle der Teilnehmer zu erkennen, liegt eine gefüllte Schatzkiste für Ihre Überzeugungsarbeit vor.

Sehr charismatische Vortragende haben die Gabe, ihre Zuhörer sehr schnell auf die eigene Insel zu holen. Was jedem Vortragenden gelingen kann, ist, durch Klarheit im Auftrag, wertschätzende Einstellung, Kenntnis des Berufsfeldes, rhetorische Hilfen und durch das Andocken an die Vorstellungs- und Gefühlswelt der Teilnehmer bei diesen Akzeptanz, Überzeugung, Identifikation und Begeisterung zu schaffen.

Ist das nicht auch so was wie „Charisma"?

Wünsche
Ziele
Motive
Antriebe
Von meiner Information zu deinem Wissen.
Von meiner Botschaft zu deiner Überzeugung.

Über Vampire, Pannen und Störungen

Was mache ich jetzt?

Zugegeben: Störungen sind unangenehm. Machen Sie kein Drama daraus und beachten Sie einige Grundsätze, dann kann Sie eigentlich nichts mehr aus dem Konzept bringen. Kritische Situationen können sein:

- **Inhaltliche Lücken:** Sie können zu einer Frage nicht erschöpfend Auskunft geben. Sagen Sie kurz, was Sie darüber wissen. Für den offen gebliebenen Rest können Sie Teilnehmer fragen. Ist dann noch immer etwas offen, bieten Sie an, es demnächst nachzuliefern.
- **Müdigkeit, abgestandene Luft:** Machen Sie eine Zustandsunterbrechung; eine Pause mit offenem Fenster oder eine kurze Kleingruppenphase nach der Methode 66 (siehe nächstes Kapitel).
- **Eine Panne passiert:** Etwas fällt hinunter, eine Folie vergessen usw. – bei kleinen Pannen machen Sie wenn möglich einfach weiter oder Sie korrigieren die Situation ohne viel Kommentar. Wenn aber Ihr Projektionsgerät ausfällt, zeigen Sie sich flexibel: Ziehen Sie eine Diskussionsrunde vor, machen Sie eine Pause, steigen Sie auf ein anderes Medium (Flipchart, …) um usw.
- **Beugen Sie Vampiren vor!** Vampire sind „Aufmerksamkeitsfresser", wie z. B. Plakate vom Vortag, ausgeteilte Unterlagen, Schaubilder, die durchgereicht werden, bestimmte Verhaltensticks des Vortragenden, Kleidung.
- **Unpassende Fragen:** Steigen Sie nicht auf jede Frage gleich ein, sondern „parkieren" Sie (unpassende) Fragen für die Schlussdiskussion. In der Diskussion sammeln Sie stets mehrere Fragen, dann haben Sie Spielraum bei der Beantwortung.

In kritischen Situationen sind Vortragende sehr gefordert. Vieles lässt sich ganz passabel meistern. Aber Achtung: Es gibt Fallen und Sie könnten auch wirklich falsch reagieren! **Deshalb:**

- Lassen Sie sich durch Fragen oder Einwände nicht provozieren.
- Nehmen Sie Abstand von überschwänglichen Entschuldigungen.
- Schimpfen Sie nicht auf die Technik oder die Mitarbeiter des Hauses.

Oft zeigt sich erst in unvorhergesehenen und kritischen Situationen die wahre Qualität von Vortragenden – nützen Sie die Chance!

Die Hürden nehmen!
Ziel
Vampire
Störungen
Pannen

Nach dem Vortrag

Diskussion und Verarbeitung der neuen Information

Viele Fragen und eine rege Diskussion sind im Allgemeinen ein gutes Zeichen für den Vortrag. Er war anregend, hat zum Mitdenken herausgefordert und es lohnt sich, nachzufragen. Teilnehmer wollen neues Wissen in ihr bisheriges Weltbild und in ihren Erfahrungshintergrund einbauen. Sie wollen neue Kenntnisse auch ausprobieren. Dafür soll eine Verarbeitungsphase Gelegenheit bieten und damit den Lernertrag sichern.

Für die Verarbeitung bieten sich viel mehr Methoden an als nur die herkömmliche Diskussion. Bei „herkömmlicher" Diskussion darf ruhig ein schaler Beigeschmack entstehen: Oft sind es immer wieder dieselben Frager, die noch dazu weit ausholen. Oft sind es nicht Fragen, sondern Koreferate zur Selbstdarstellung. Für die Mehrzahl der Teilnehmer bringt dies keinen zusätzlichen Ertrag.

Eine zumindest kurze Fragemöglichkeit oder Diskussion nach einem Vortrag ist dennoch angebracht. Sie soll dem Teilnehmer helfen, den Inhalt besser zu erfassen, und sie gibt dem Vortragenden Gelegenheit, seine Aussagen und Botschaften nochmals zu unterstreichen.

Eine klare Diskussionsleitung und die Einhaltung von Gesprächsregeln tragen zum Erfolg dieser Phase stark bei. Aber: Ergänzen Sie die Diskussion im Plenum öfter durch aktivierende, dezentrale Methoden!

Stellen Sie zum Beispiel eine Aufgabe zur Anwendung des Gehörten und lassen Sie diese einzeln oder mit Partner bearbeiten. Klare Angaben auf einem Arbeitsblatt sind hilfreich.

Sehr verbreitet ist die so genannte „Methode 66" und ihre Abwandlungen: Sie nennen als Thema den Vortragsinhalt oder eine spezielle Frage dazu und lassen in kleinen Gruppen eine bestimmte Zeit lang diskutieren. Bei „Methode 66" würden 6 Personen 6 Minuten lang miteinander sprechen. Wir verwenden gerne „Methode 35", das heißt, dass sich 3 Personen 5 Minuten lang über das gestellte Thema austauschen.

Mit dieser einfachen Methode entsteht schnell die emsige Atmosphäre eines Bienenstocks.

Nach dem Vortragsteil:
Die Verarbeitung
Die Verarbeitung führt zur Beteiligung aller und macht die Sache erst komplett.
Verarbeitungsmethoden:
Diskussion
Aufgabe, Arbeitsblatt
Methode 66
Kleingruppen diskut.

Ende gut – alles gut!

Die Chance auf einen guten letzten Eindruck

Ein Vortrag hat eigentlich zwei Enden: Zuerst endet der Vortragsteil. Es folgt eine Diskussion oder Verarbeitung. Diese schließt dann mit dem eigentlichen Ende.

Nützen Sie für die Gestaltung des Schlussteils Ihr Zeitgefühl, das heißt Diskussion und Zusammenfassungen sollen die richtige Länge haben, nicht zu ausufernd und nicht zu kurz. Anhand von Spielfilmen lässt sich das gut demonstrieren. Ein Film, der kein richtiges Ende hat, wirkt wie abgerissen. Andererseits, wenn das Ende schon lange greifbar ist, der Film aber nicht zum Schluss kommt, geht viel von der Wirkung verloren.

Überlegen Sie, wie Sie Ihren Vortrag abschließen, wie Sie also die beiden Enden gestalten, denn der letzte Eindruck zählt!

Folgende Vorgangsweise bietet sich an:

✓ Ankündigung	Am Ende des Vortragsteils kündigen Sie an, dass Sie zum Schluss kommen. Das steigert nochmals die Aufmerksamkeit.
✓ Zusammenfassung	Die wichtigsten Punkte. Kurz halten!
Anliegen oder Appell	Was Ihnen bzw. den Teilnehmern wichtig ist. Sie appellieren an das „bessere Ich“ der Teilnehmer.
✓ Gelegenheit für Applaus	Sie setzen einen Schlusspunkt und geben Gelegenheit zum Applaudieren. Meist funktioniert das auch.
✓ Brücke zur Diskussion oder Verarbeitung	Sie leiten über und geben die Regeln vor.
✓ Bei Bedarf: Stimulation	Manchmal brauchen Sie ein paar Sätze vorweg, um die Diskussion in Gang zu bringen.
✓ Resümee	Nach der Diskussion bzw. Verarbeitung geben Sie eine kurze Zusammenfassung und Abrundung. Manchmal passt ein Zitat oder eine persönliche Anmerkung.
✓ Schluss	Sie bedanken sich und schließen.

Ende gut – alles gut !
Resümmé
Abschluss
Applaus

3. Visualisierung – Bilder machen

Visualisierung und Strukturierung

Ein Bild sagt mehr als tausend Worte

Sie sind eine ausgewiesene Fachkraft. Sie wollen „drüben" noch besser ankommen. Mit Bildern und Gliederung, Visualisierung und Strukturierung können Sie das erheblich unterstützen.

Sie bringen den Inhalt Ihres Vortrages in eine logische Struktur und übersetzen die aussagestarken Gedanken in Bilder – von sehr einfachen Strichen bis zum technischen Modell. Gerade wenn Sie sehr wortgewaltig und akademisch anspruchsvoll sind, sollten Sie auf die Arbeit mit

- Flipchart,
- Pinnwand,
- Overheadprojektor,
- Beamer mit Laptop,

nicht verzichten. Das gesprochene Wort soll nicht ersetzt werden, aber Ihr Erfolg unterstützt.

Warum Visualisierung?

Ein Bild sagt mehr als tausend Worte, meint der Volksmund. Und er hat Recht. Aus der Lerntypenforschung wissen wir, dass vier Fünftel aller Menschen als wichtigsten Lernkanal den Sehsinn nützen. Die Gehirnforschung verwendet schon seit langem das Modell der linken (logischen) und rechten (bildhaft-kreativen) Gehirnhälfte. Bilder bedienen die rechte Gehirnhälfte. Dadurch wird der „Balken" zwischen den beiden Teilen aktiviert und Verstehen und Behalten signifikant erhöht. Wenn die Vorbereitung von Visualisierung auch Zeit braucht, in Ihrem Seminar oder bei Ihrem Vortrag sparen Sie mehr als ein Viertel Seminarzeit. Wer Bilder verwendet und strukturiert, gilt auch als kompetenter.

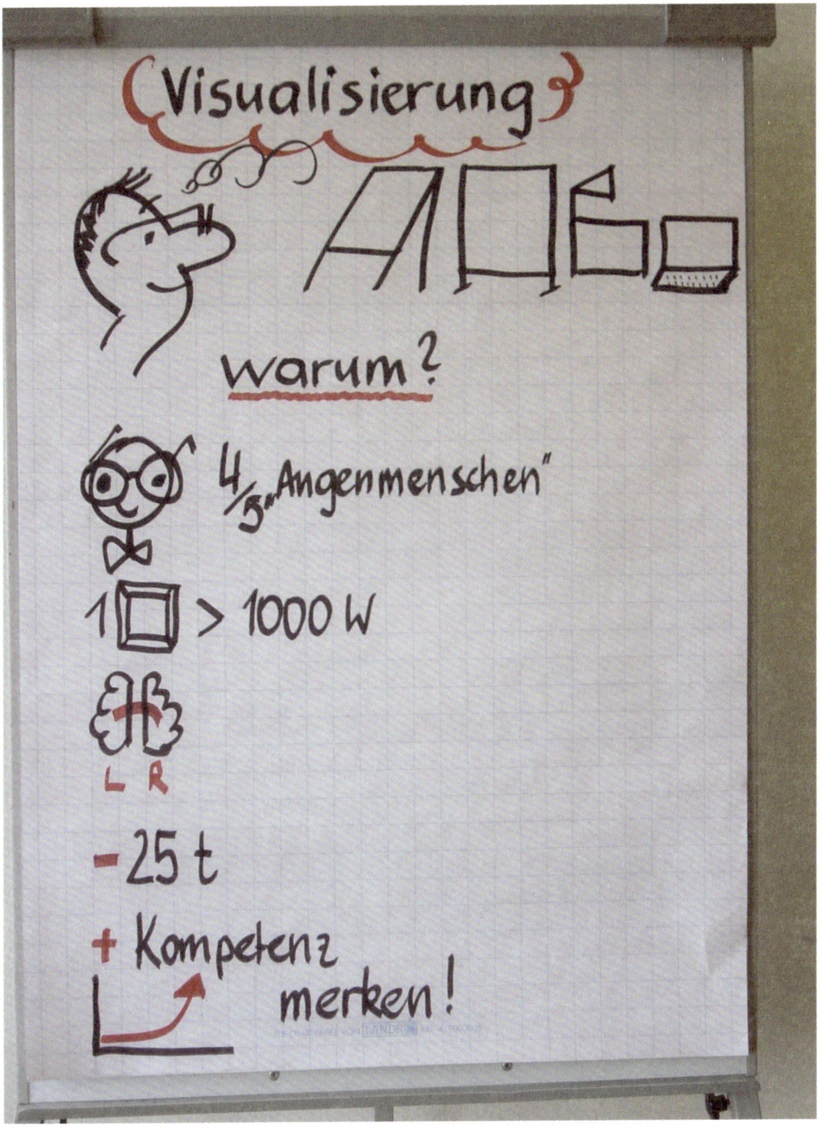
Visualisierung
warum?
4/5 „Augenmenschen"
1 > 1000 W
L R
- 25 t
+ Kompetenz
merken!

Behaltensquoten

Bei einem Ohr hinein – beim anderen hinaus

Vielleicht haben Sie selbst schon die leidvolle Erfahrung gemacht: Sie haben lange konzentriert zugehört, aber sich leider wenig gemerkt. Ziel der Vortrags- und Seminartätigkeit ist es, dass die Teilnehmenden einbezogen werden, Orientierung haben, sich aufmerksam konzentrieren, Zeit und Aufwand sparen, den „Stoff" leichter fassen können und sich letztlich so viel wie möglich schon im Seminar merken.

Da hilft Visualisierung sehr.

Die Lernpsychologie weist in den Untersuchungen zu den Behaltensquoten nach, dass

- 20 % bei reinem Zuhören,
- 30 % bei reinem Sehen,
- 50 % bei Hören und Sehen,
- 80 % beim selbständig Wiedergeben,
- 90 % bei Verarbeitung, Anwenden und Tun

des Inhaltes behalten werden.

Diese Erkenntnisse sprechen klar gegen den klassischen Vortrag. Realistisch werden in vielen Informationssituationen vornehmlich die Lernkanäle Hören und Sehen aktiviert. In guten Seminaren verzichten Sie nicht auf Phasen der Verarbeitung in Einzel-, Paar- oder Gruppenarbeit.

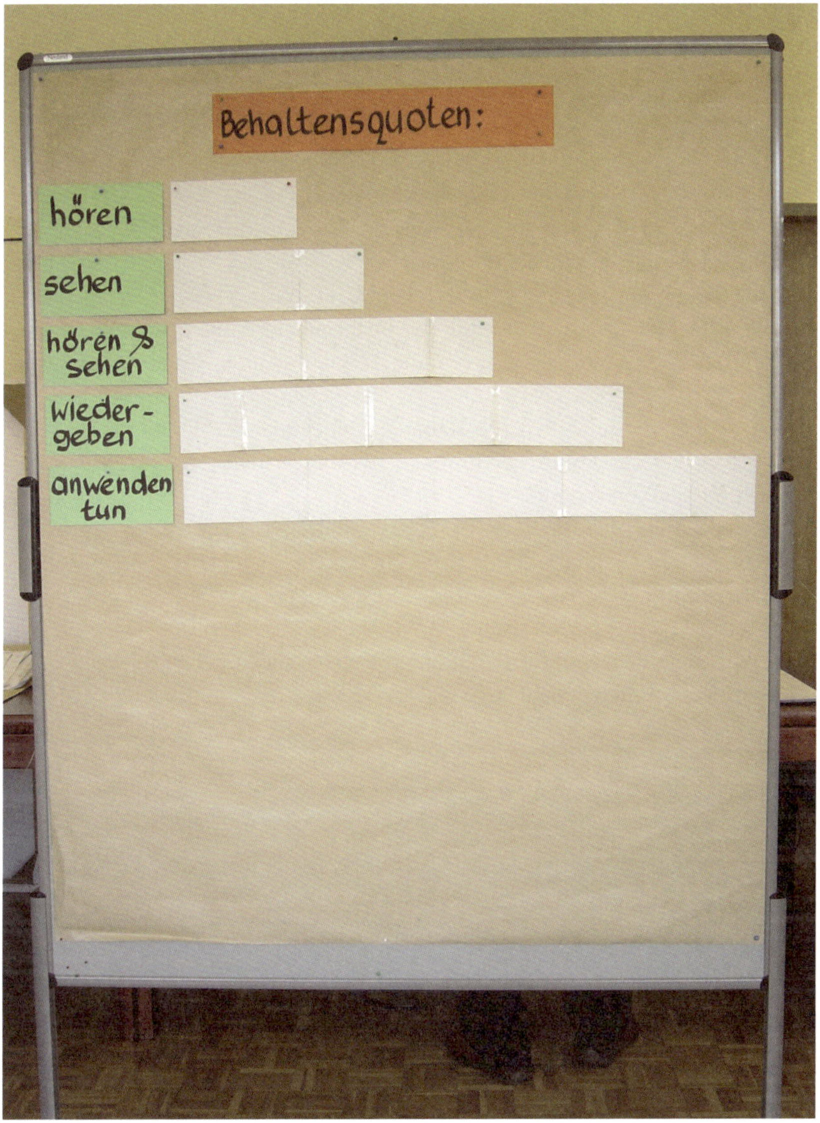
Behaltensquoten:
hören
sehen
hören & sehen
wieder-geben
anwenden tun

Wer strukturiert, führt!

Struktur und Gliederung

Den eigenen Vortragsstoff einfach, klar, übersichtlich und folgerichtig zu gliedern, das ist die Fähigkeit der Meister. Nur wer das Stoffgebiet wirklich durchdrungen hat, erkennt das Wesentliche. So können Profis vieles weglassen und das Eigentliche einfach darstellen. Und wenn Sie sich dann auch noch zwingen, für die ausgewählten Inhalte Strukturbilder zu entwickeln, wirken Sie sehr kompetent, sparen Zeit und die Teilnehmenden können gut folgen.

Die Entwicklung eines äußeren Rahmens, einer äußeren Form hat auch die innere Klarheit zur Folge. Die durchdachte und visualisierte Struktur diszipliniert Sie als Vortragende:

- Sie werden leichter Ihre Zeitvorgaben einhalten können.
- Sie werden in Diskussionen leichter am roten Faden bleiben.
- Sie werden Fragen besser zu- und einordnen können.

Nicht die Schönheit und Originalität Ihrer Graphik entscheidet, sondern die Klarheit. Auf schlecht sicht- und lesbare Hilfsmittel sollten Sie verzichten.

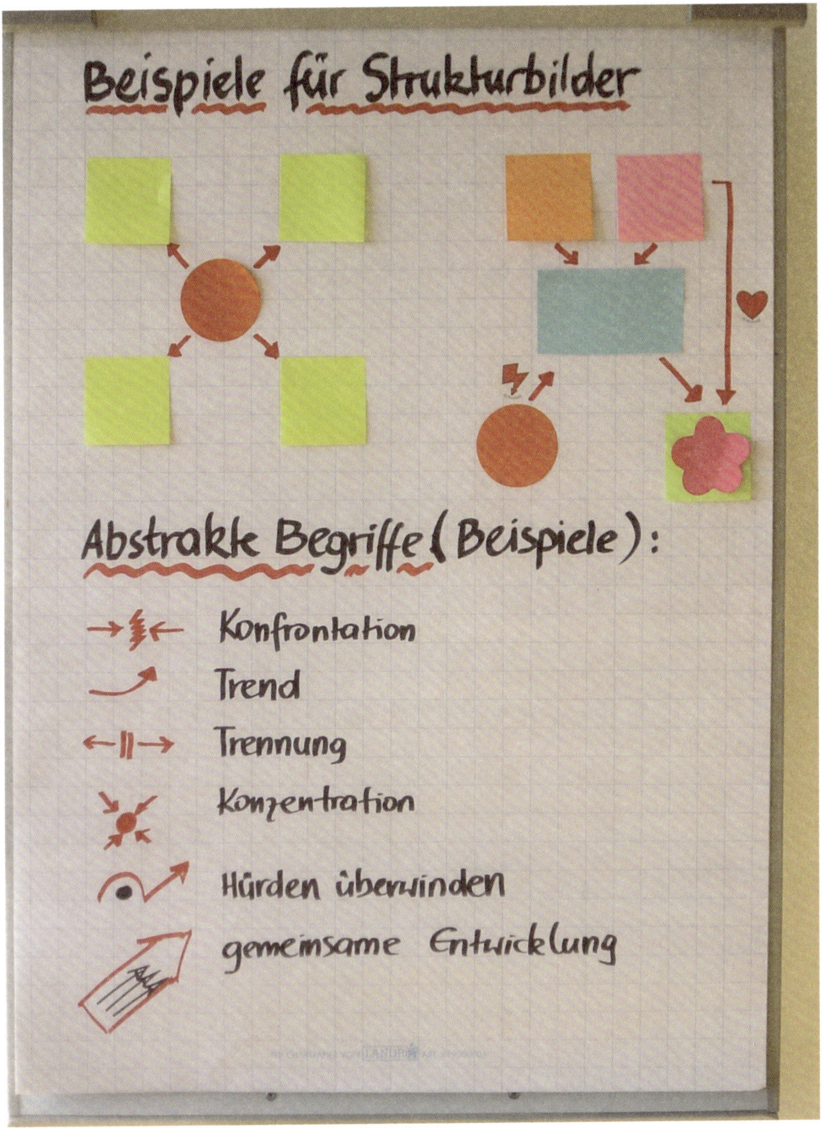
Beispiele für Strukturbilder
Abstrakte Begriffe (Beispiele):
Konfrontation
Trend
Trennung
Konzentration
Hürden überwinden
gemeinsame Entwicklung

Werkzeuge und Tipps

> Ein Teil des Talents ist die Courage.
> *Bert Brecht*

Am besten einfach ausprobieren. Viele Dinge lernt man nur durchs Tun. Und wie Bert Brecht sagt, entsteht ein Teil des Talents dadurch, dass man sich was traut.

Welche Ingredienzien brauchen Sie für gelungene **Strukturbilder?**

- **Geometrische Formen:** Kreise, Rechtecke, Dreiecke und dergleichen sind leicht mit der Hand gezeichnet. Es gibt aber auch Klebeetiketten (Post-its) in vielen Formen und Farben. Und die Moderationsköfferchen sind wahre Fundgruben.
- **Text** für die Beschriftung: Hier müssen Sie sich in nobler Zurückhaltung üben: wenig, wenig, wenig!
- **Verbindungen:** Da bieten sich Linien, strichlierte Verbindungen, Pfeile, Wellenlinien an.
- **Symbole:** Mit Hilfe von Symbolen können Sie den Verbindungen Qualitäten zuordnen: Herz, Blitz, Fragezeichen, Rufzeichen, Krokodil, Knäuel können die Beziehung zwischen Strukturelementen eindrücklich verbildlichen. Mit Linien und Symbolen stellen Sie räumliche, zeitliche, kausale, logische, emotionale und viele andere Beziehungen dar.

Mit **Pfeillinien** lassen sich auch sehr abstrakte Begriffe darstellen.

Gestaltungstipps:

- Vorsicht vor Überladung
- von links nach rechts, von oben nach unten
- schrittweise entwickeln
- Farb- und Formlogik bewusst einsetzen

Visualisierung
Ingredienzien:
geometrische Formen:
Beschriftung: wenig und leserlich
Verbindungen:
Tipps:
Überladung vermeiden
Lese- und Schreibrichtung beachten
Bilder schrittweise entwickeln
Farb- und Formlogik beachten

Medien richtig wählen und einsetzen

Der Wurm muss dem Fisch schmecken, nicht dem Angler.

In der Arbeit mit Erwachsenen sind Flipchart, Pinnwand, Overheadprojektor und Laptop-Beamer Standard. Technische Weiterentwicklungen sind zwar faszinierend, meist jedoch nur in wenigen Seminarräumen vorhanden.

Arbeit mit Schultafeln weckt Assoziationen zur Schule. Unbewusst werden Erinnerungen an die alte Rollenverteilung wach. Wenn die Seminar- oder Vortragssituation zu sehr an das Schulsetting erinnert, werden TeilnehmerInnen oft wieder zu typischen SchülerInnen und Lehrende zu typischen (Ober-) Lehrpersonen.

Alle Präsentationsmedien dienen zur Unterstützung der Vortragenden und sind nicht Selbstzweck. Keinesfalls dürfen Medien Vortragende ersetzen.

Die Frage, welches Präsentationsmedium das bessere sei, kann nur so gestellt werden: besser wofür, besser in welcher Situation? Alle Medien haben spezifische Vorteile und Nachteile, die aus dem Kontext kommen.

Pannen vermeiden Sie, indem Sie sich rechtzeitig vor Ihrem Start von der Funktionstüchtigkeit der Medien selbst überzeugen. Wir haben als Sicherheitsnetz immer unsere eigenen Geräte mit. Buchsen, Verbindungskabel, Halogenbirnen, Programmerkennung haben was Verhextes an sich.

Für Flipchart und Pinnwand lohnt es sich, sich ein bisschen mit der eigenen Schrift und den Schreibwerkzeugen zu beschäftigen. Schreiben Sie ausreichend groß, verzichten Sie auf Ihre Handschrift und persönliche Eigenheiten, setzen Sie die Buchstaben auf das Papier. Die Stifte sollten nachgefüllt sein, damit ein sattes Schriftbild entsteht. Breite, ansehnliche Striche entstehen, wenn Sie den Stift auf der Kante ziehen.

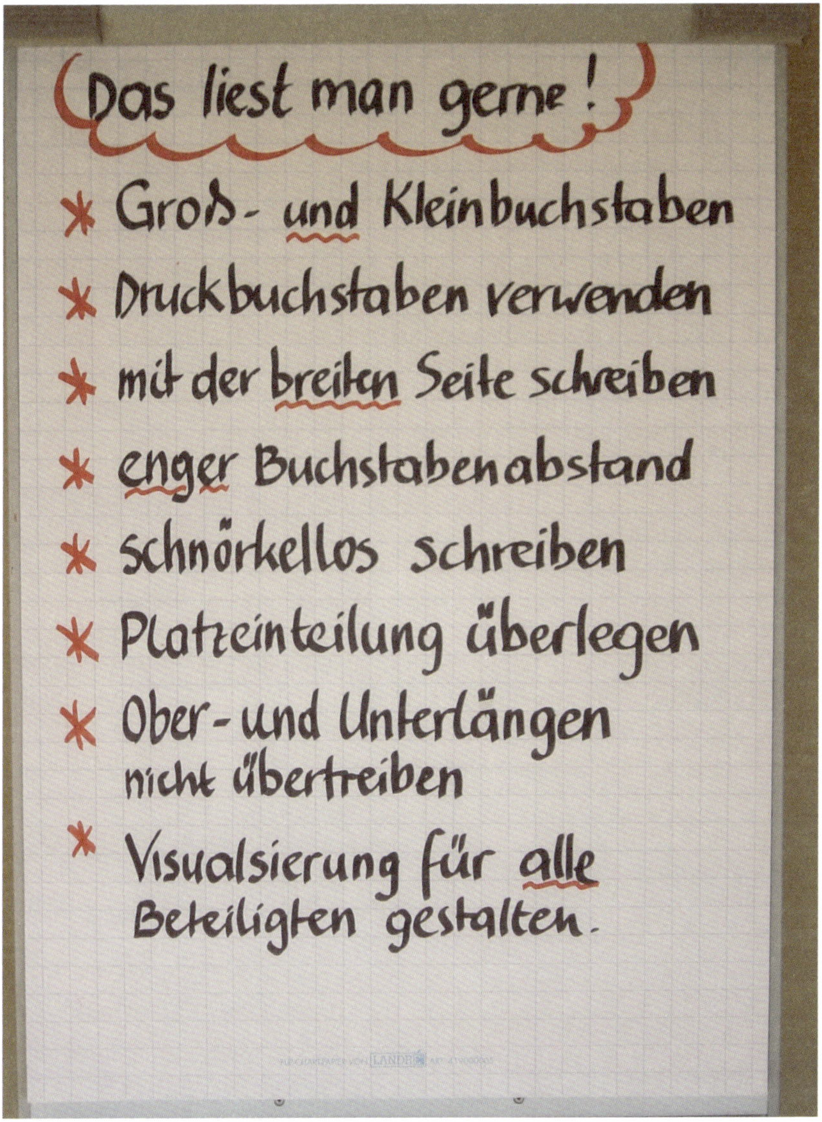
Das liest man gerne!
* Groß- und Kleinbuchstaben
* Druckbuchstaben verwenden
* mit der breiten Seite schreiben
* enger Buchstabenabstand
* schnörkellos schreiben
* Platzeinteilung überlegen
* Ober- und Unterlängen nicht übertreiben
* Visualsierung für alle Beteiligten gestalten.

Flipchart

Flipchartpapier misst zirka 70 x 100 cm und ist unliniert oder kariert. Es wird in Blocks verwendet. Das Papier wird auf transportablen Ständern befestigt, seltener auch an Wandtafeln.

Der große **Vorteil** der Flipchart liegt in der Einfachheit der Handhabung. Man braucht keinen Strom, es brennt keine Birne durch und selbst wenn kein FC-Ständer vorhanden ist, kann man zur Not das Blatt auch an die Wand kleben.

Ideal ist die Flipchart für Gruppen bis maximal 30 Personen. Man kann die Flipchart schon zu Hause vorbereiten oder in der Situation gestalten, beschreiben, mit Schildern bekleben, abdecken. Wir verwenden gerne eine Mischform: ein Grundraster ist vorbereitet, Ergänzungen werden während des Vortrags eingefügt.

Vorbereitete Charts sind ein sicherer Stichwortgeber, der Sie entlang Ihres roten Fadens führt.

Besonders hilfreich ist die Möglichkeit, optisch zurückzublenden oder die Blätter sichtbar im Vortragsraum an den Wänden präsent zu halten.

Stolpern Sie nicht, die meisten Haltevorrichtungen haben sperrige Beine.

Flipcharts sind von TeilnehmerInnenzahl und Raumgröße Grenzen gesetzt. Während der Arbeit am FC wenden Sie leider auch dem Publikum den Rücken zu, und an Ihrer Schrift sollten Sie geübt haben. Sprechen Sie mit dem Publikum, nicht mit dem Medium.

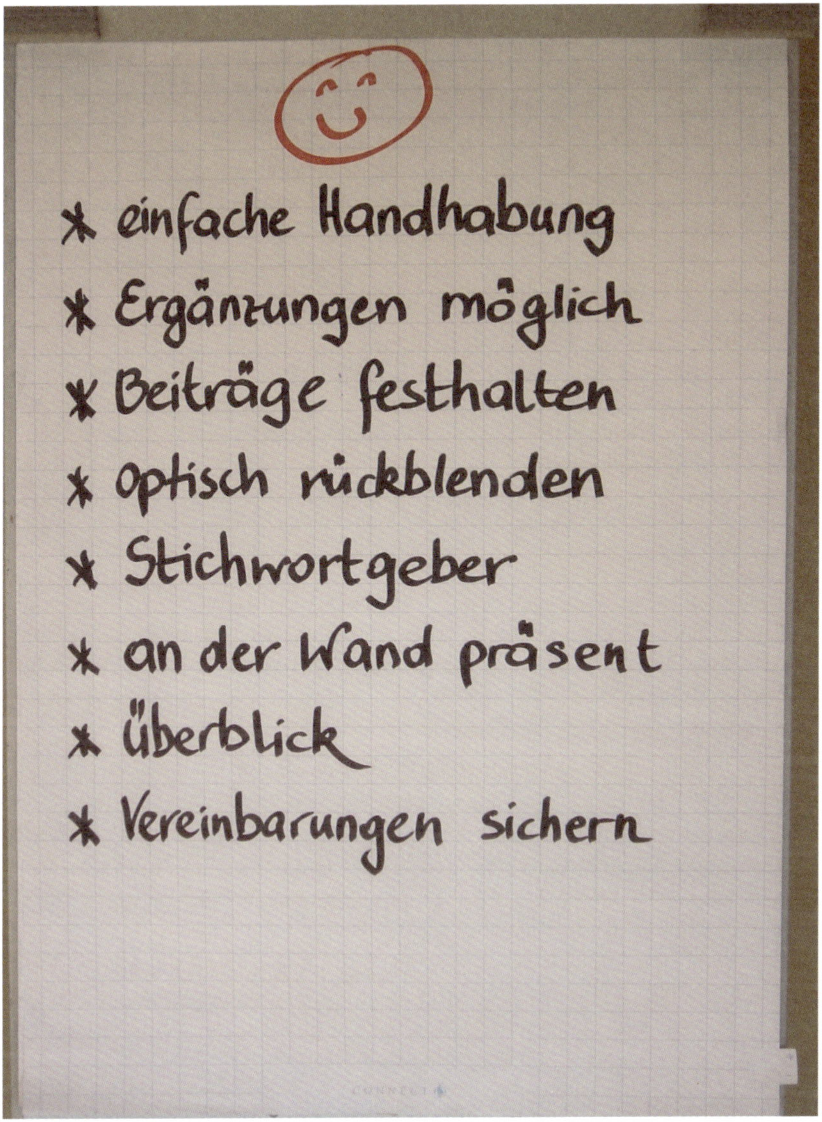
* einfache Handhabung
* Ergänzungen möglich
* Beiträge festhalten
* optisch rückblenden
* Stichwortgeber
* an der Wand präsent
* Überblick
* Vereinbarungen sichern

Pinnwand

Mit Maßen von zirka 125 x 150 cm stellt die Pinnwand wesentlich mehr Fläche zur Verfügung als die Flipchart. Als Präsentationsmedium ist auch die Pinnwand für kleinere Gruppen bis etwa 30 Personen gut geeignet. In Workshops oder bei Großgruppenmoderation kann man mit mehreren Wänden sehr viele Menschen gut einbinden und im Tagungsgeschehen steuern.

Für die Pinnwand gilt wie für die Flipchart:
- Vorbereitung zu Hause ist gut möglich.
- Die Präsentation kann fertig oder teilfertig sein.
- Man kann auf der Pinnwand schreiben, vorzugsweise aber Kärtchen mit Nadeln oder Kleber befestigen.
- Rückblenden sind möglich.
- Die Bilder können ständig präsent bleiben.

Die Pinnwand ist insbesondere für die **Moderationsmethodik** geeignet:
- **Clustermethode:**
  TeilnehmerInnen schreiben Beiträge auf Kärtchen, diese werden gesammelt, geordnet, gereiht, ausgewählt. Auf diese Weise können Sie die Personen einbinden, bewegen, aktivieren.
- **Punktbewertung:**
  Die Teilnehmenden bekommen Klebepunkte. In der Gruppe werden Fragen entwickelt oder von Ihnen vorgegeben. Um die Gruppenmeinung oder Präferenzen sichtbar zu machen, kleben alle die Punkte wie bei einer Abstimmung gleich verteilt oder gewichtet in die jeweilige Rubrik. So kann nach langen Diskussionen oft rasch ein Ergebnis erreicht werden.

Leider sind viele Pinnwände sehr wackelige Dinger. Und die Handhabung der Nadeln will auch geübt sein. Mit Schwung gegen die Trägheit der Masse geht's leichter. Ablösbare Klebesprays oder Klebestifte lösen das Nadelproblem elegant.

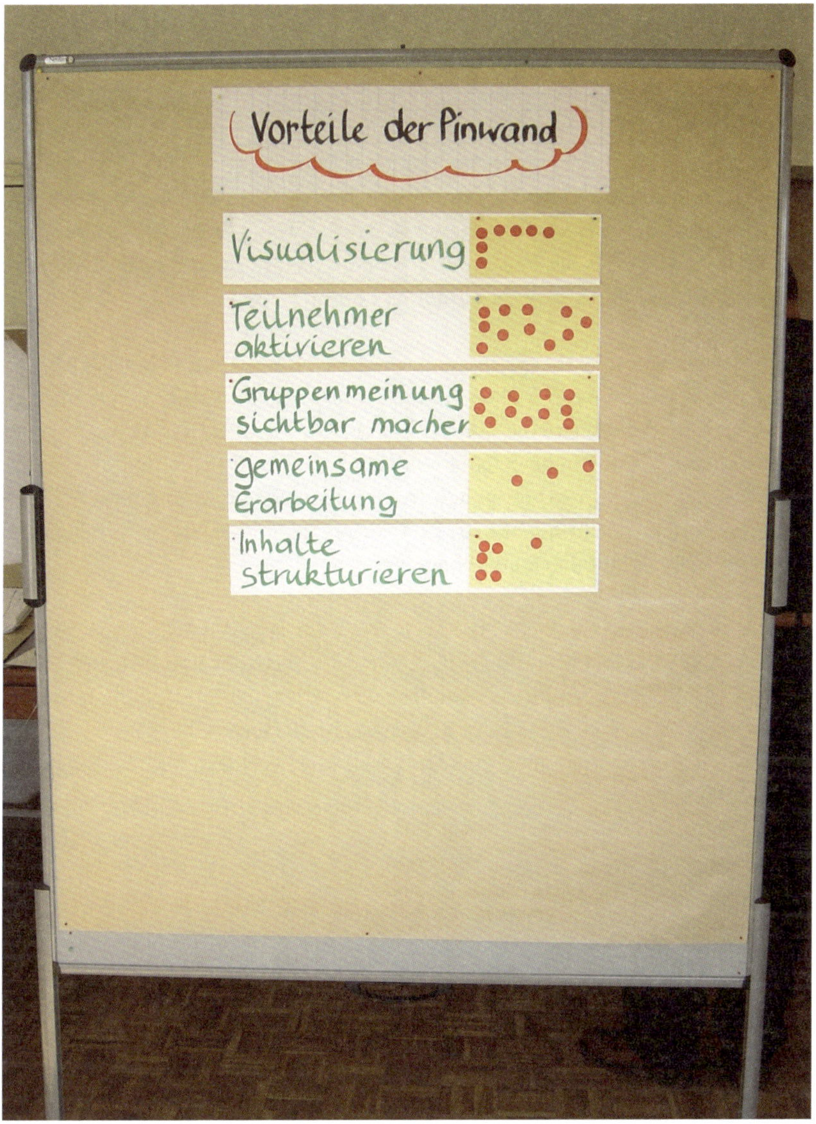
Vorteile der Pinwand
Visualisierung
Teilnehmer aktivieren
Gruppenmeinung sichtbar machen
gemeinsame Erarbeitung
Inhalte strukturieren

Overheadprojektor

Bei lichtstarken Overheadprojektoren braucht man nicht abzudunkeln und kann bei Tageslicht arbeiten. Für die Projektion werden Klarsichtfolien bedruckt oder beschrieben. Sie können mit Ihrem PC oder einem Fotokopiergerät schwarz-weiße oder färbige Folien herstellen. Zum Beschreiben der Folien gibt es wasserlösliche oder wasserfeste färbige Overheadstifte in verschiedener Stärke. Dieses Präsentationsmedium eignet sich für alle Gruppengrößen und auch für sehr große Räume.

Für den Overheadprojektor spricht, dass man die Folien gut zu Hause vorbereiten, leicht transportieren und leicht aufbewahren kann. Sie können beim Projektor sitzen oder stehen, die Folien sind ein hervorragender Stichwortgeber und sind auch sofort kopierfähig. Sie können ständig mit dem Publikum Blickkontakt halten. Geräte stehen in fast allen Seminarräumen zur Verfügung, es gibt auch sehr leichte, kleine transportable Projektoren. Viele Geräte haben Ersatzglühbirnen eingebaut.

Warnung: Klatschen Sie nicht eine Folie nach der anderen auf den Projektor, das erschlägt die ZuhörerInnen. Bedenken Sie, dass der konzentrierte Blick auf eine Lichtfläche ermüdet, besonders wenn die Qualität der Folien minder ist. Das Gebläse und die dadurch verursachten Geräusche können für die ersten Reihen sehr unangenehm sein. Die Bilder wechseln und sind nicht im Raum präsent.

+/-
* zuhause vorbereiten
* leicht aufbewahren
* leicht transportierbar
* sofort kopierfähig
* gut für alle Raumgrößen
* Blickkontakt halten
* sitzen oder stehen
* Stichwortgeber

Aus der Praxisküche

Es gibt wenige, aber wichtige Rezepte für die gelungene **Gestaltung** von Folien:

- **wenig, wenig, wenig:** Beschränken Sie sich mit der Text- und Bildfülle, wählen Sie aus, reduzieren Sie.
- **24 Punkt:** Je nach Abstand zur Projektionsleinwand kann die Schriftgröße variieren. 24 Punkt oder 6 Millimeter sollten Sie jedenfalls vorsehen.
- **Farben:** Farben unterstützen den Informationsgehalt, ihre Verwendung sollte einer Logik entstammen und nicht nur, dass es schön bunt wird. Reduzieren Sie auch die Anzahl der Farben. Schwarz oder Blau als Hauptfarbe, Rot zum Hervorheben, Grün für Ergänzungen. Drei sind genug.
- **Kopien:** Beleben Sie fotokopierte Seiten durch Einkreisen, Umrahmen, Unterstreichen, mit Pfeilen oder anderen abstrakten Symbolen.
- **Overlay:** Überraschende Effekte können Sie erzielen, indem Sie mehrere aufeinander abgestimmte Folien oder Folienteile übereinander legen.
- **„Striptease":** Decken Sie die Folie mit einem Blatt Papier ab und enthüllen Sie die Inhalte Stück für Stück.
- **Freihand:** PC-Schrift oder die eigene Hand zu verwenden, hängt sehr von Situation und Zielpublikum ab. Handschrift ist persönlicher und unterstützt die Atmosphäre.

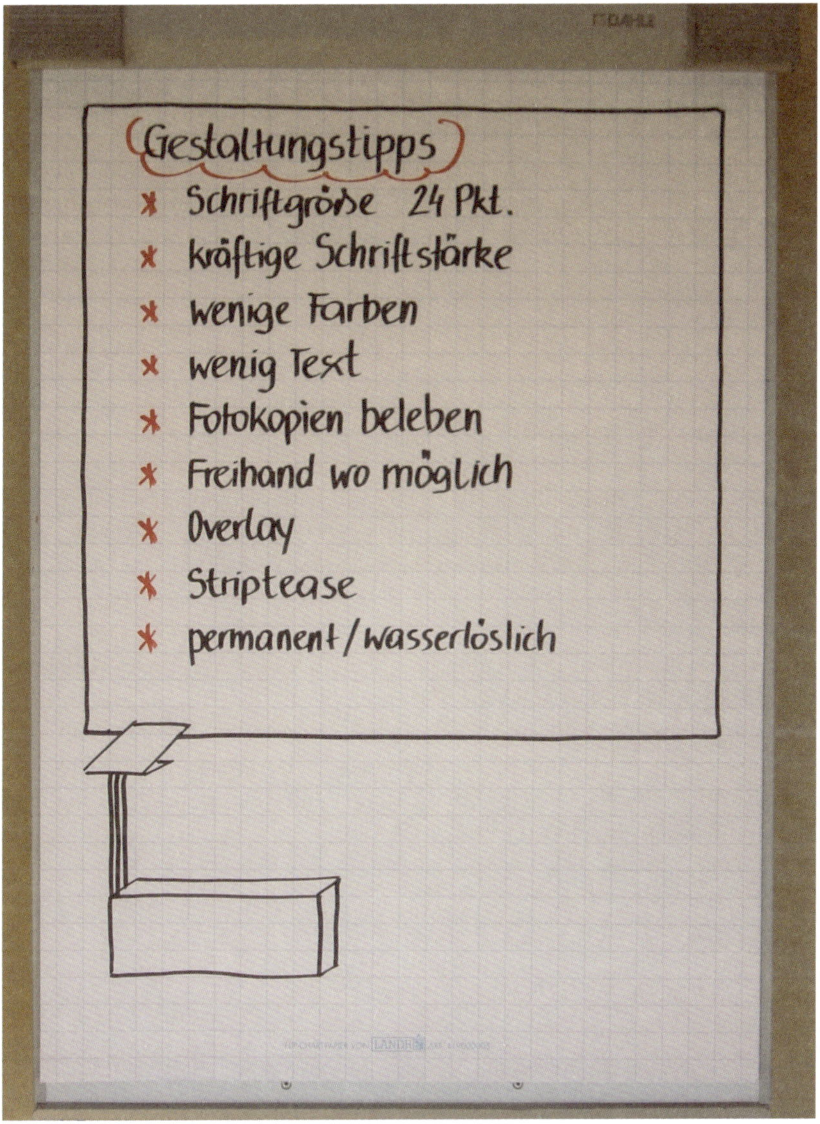
Gestaltungstipps
* Schriftgröße 24 Pkt.
* kräftige Schriftstärke
* wenige Farben
* wenig Text
* Fotokopien beleben
* Freihand wo möglich
* Overlay
* Striptease
* permanent/wasserlöslich

Laptop und Beamer

Laptop und Beamer haben die Präsentationswelt erobert. Mit Hilfe der immer besseren Software entstehen auch schon in der Hand von Amateuren sehr eindrucksvolle und professionelle Präsentationen. Wir setzen den Beamer in eher größeren Gruppen ein. In manchen Zielgruppen wird der Einsatz von Laptop und Beamer geradezu erwartet und wird als Kompetenznachweis verstanden.

Wenn Sie mit Laptop und Beamer arbeiten, sollten Sie jedenfalls eine Funkmaus verwenden, damit Sie sichtbar bleiben und mit dem Publikum in Kontakt. Stellen Sie sich nicht ins Bild, sprechen Sie nicht mit der Projektionsfläche.

Das Medium ist die Botschaft

Dieser Spruch von Marshall McLuhan gilt für alle Medien. Eine schön geschriebene Flipchartseite, eine durchdachte Power-point-Präsentation vermittelt weit über den Inhalt hinaus: „Diese Vortragende, dieser Vortragende ist vorbereitet, hat sich was überlegt und wir waren es wert, dass das so schön gemacht ist."

Frisch zubereitete Speisen schmecken besser als Konservennahrung. Alles, was Sie mit und vor den Teilnehmenden entwickeln können, wirkt belebend und bleibt besser haften. In kleinen Gruppen bevorzugen wir eher „sinnliche" Medien, in größeren Gruppen technische. Anfassen, Anfärben, Aufkleben, Schreiben, Schneiden, Reißen eröffnet zusätzliche Lernkanäle, belebt und schafft Klima. In großen Gruppen mit starker Informationsorientierung sind die „technischen" Medien ein großer Gewinn.

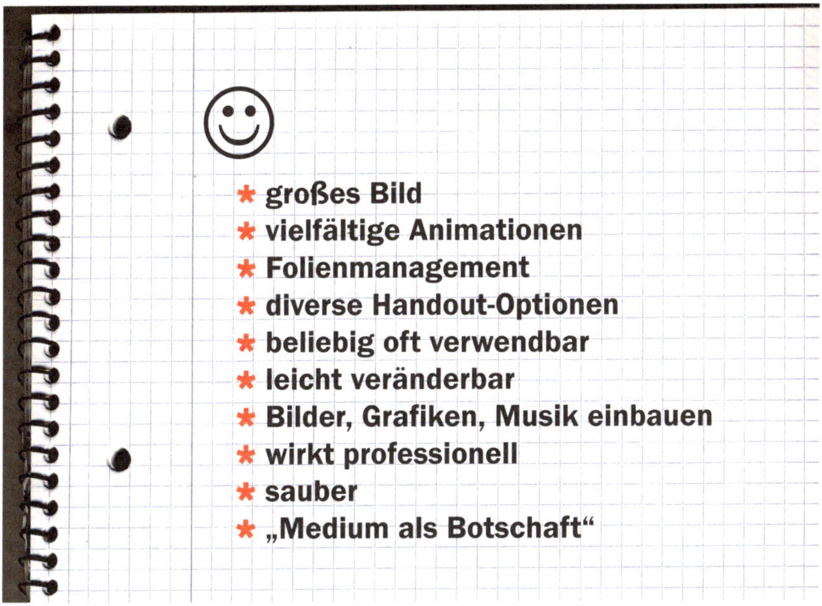
* großes Bild
* vielfältige Animationen
* Folienmanagement
* diverse Handout-Optionen
* beliebig oft verwendbar
* leicht veränderbar
* Bilder, Grafiken, Musik einbauen
* wirkt professionell
* sauber
* „Medium als Botschaft"

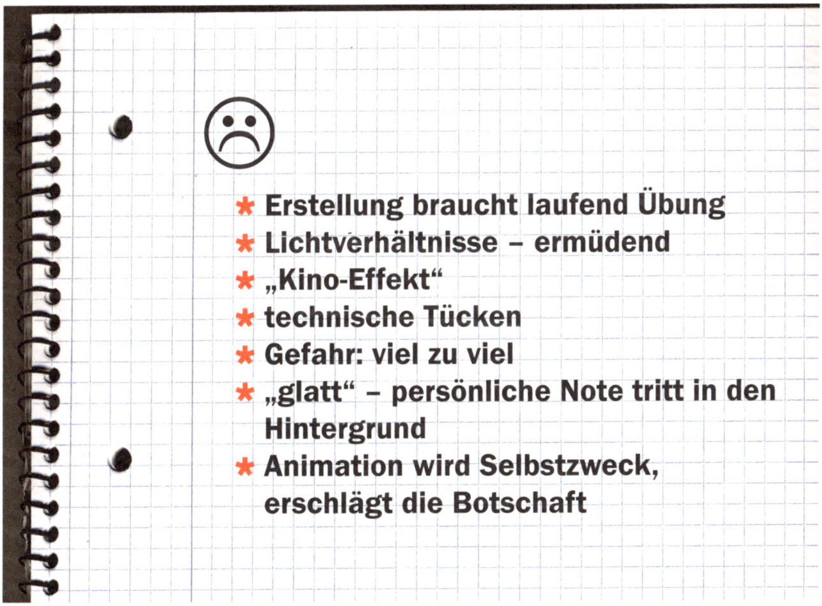
* Erstellung braucht laufend Übung
* Lichtverhältnisse – ermüdend
* „Kino-Effekt"
* technische Tücken
* Gefahr: viel zu viel
* „glatt" – persönliche Note tritt in den Hintergrund
* Animation wird Selbstzweck, erschlägt die Botschaft

4. Seminare vorbereiten und leiten

Lebendige Seminare leiten

Jedes Seminar enthält auch Vortragsteile. Somit gilt alles, was wir zum Vortragen ausgeführt haben, also Ziele formulieren, die Inhalte strukturieren, visualisieren, Verständlichkeit usw. auch für Seminare.

Aber ein Seminar ist viel mehr als eine Aneinanderreihung von Vorträgen. In jeder Seminargruppe entsteht eine eigene Dynamik, deren produktive Entwicklung die Seminarleiter fördern können. Wie das geht?

- Durch eine gediegene Anfangsphase mit Kennenlernen, inhaltlicher Orientierung und heiterem Klima.
- Durch immer wieder neue Durchmischung bei Kleingruppenarbeiten, damit keine Lagerbildung aufkommt.
- Und vor allem durch zwei „Geheimnisse", die wir Ihnen in den nächsten Abschnitten verraten werden.

Vorerst nur so viel:

Es sind dies die Orientierung am Es-Ich-Wir-Dreieck und die Rhythmisierung durch Methodenwechsel. Das klingt komplizierter, als es ist. Denn es handelt sich dabei um zwei einfach anwendbare und sehr wirkungsvolle Prinzipien, die sich obendrein noch ergänzen.

Lassen Sie sich überraschen!

Seminare
vorbereiten
und
leiten
Wie Lernen zum
Erlebnis wird!

Die zwei Seiten der Kommunikation

„Man sieht nur mit dem Herzen gut ...“

Machen wir einen Blick auf ein einfaches Kommunikationsmodell, um vertiefend zu verstehen, was sich bei Lehr-Lernvorgängen, also auch in Vortrag oder Seminar abspielt. Alles Lernen ist Kommunikation. Es gibt Personen, von denen Nachrichten ausgehen (Sender), und Personen, die Nachrichten aufnehmen (Empfänger). Die Vortragenden sind in der Rolle des Senders, aber nicht lange. Bereits die ersten Informationen lösen bei den Empfängern Reaktionen aus, und sie senden Informationen zurück, nonverbal und verbal. Kommunikation ist also der Austausch und das Wechselspiel von Informationen, Reaktionen, Gegenreaktionen usw.

Wenn Sie zwei Kommunikationspartner beobachten, so können Sie den Inhalt wahrnehmen. Das ist das, was sie sagen. Sie könnten den Inhalt mitprotokollieren. Sie stellen aber auch gleich fest, dass da mehr dahinter steckt: Wie wird etwas gesagt? Wie reagiert der/die andere darauf? Was drücken Mimik, Gestik und Körperhaltung aus?

Bildlich gesprochen gibt es oberhalb der Tischfläche ein offizielles Thema (Inhalt) und unterhalb der Tischfläche das Thema, wie die beiden zueinander stehen (Beziehung).

Ist die Beziehung tragfähig und gut, so wird mit dem Inhalt wohlwollend umgegangen. Da kann es leicht vorkommen, dass fünf auch einmal gerade sein darf.

Ist die Beziehung gestört, wird der Inhalt abgelehnt, für unbrauchbar erklärt, es wird scharf dagegen argumentiert oder Ähnliches.

Wir können mit Paul Watzlawick zusammenfassen:

Jede Kommunikation und damit auch jede Vortrags- und Seminarsituation hat einen Inhalts- und einen Beziehungsaspekt, wobei der Beziehungsaspekt den Inhaltsaspekt bestimmt.

Bei neutraler oder kühler Beziehungsebene können die dargebotenen Informationen bei den Teilnehmern bestenfalls zu Wissen werden. Bei einer guten Beziehungsebene werden die Informationen zu Botschaften, die zu Überzeugungen führen.

In der Folge geht es darum, wie Vortragende und Seminarleiter die Beziehungsebene fördern und nützen können:

Jede Kommunikation
läuft auf zwei Ebenen:
Inhalts-
ebene
Beziehungs-
ebene

Das Modell vom Eisberg

1 x Titanic ist genug

„Ist denn der Beziehungsaspekt wirklich so wichtig?", werden sich manche fragen. „Man sitzt doch wegen des Inhalts im Vortrag oder Seminar, oder?"

Die Antwort auf beide Fragen ist „Ja"!

Ein gut aufbereiteter Inhalt stellt die sachbezogenen Interessen der Teilnehmenden zufrieden. Es werden neue Informationen, Einsichten und Tipps für die Praxis vermittelt. Der Inhalt ist das „Was" einer Veranstaltung. Aber das „Was" tritt nicht alleine auf, es ist mit einem „Wie" gekoppelt. Wie wirkt der Vortragende? Welchen Wert haben die Inhalte für mich? Wie denken andere darüber? Dieses „Wie" bezeichnet die Beziehungsebene oder psychosoziale Ebene. Das ist die Ebene der persönlichen Auseinandersetzung, der Gefühle und Bewertungen und die Ebene der Begegnung und der Beziehung untereinander sowie der Gruppendynamik.

Wir verwenden für die Zusammengehörigkeit beider Ebenen das Bild vom Eisberg. Das Thema, der Inhalt, die Sache ragt als leuchtende Spitze aus dem Wasser heraus. Aber seine Stabilität und Kraft schöpft der Eisberg aus den zirka 6/7 seiner Masse, die unterhalb der Wasseroberfläche sind. In Kommunikationsprozessen ist das der Bereich der Beziehungen und Gefühle.

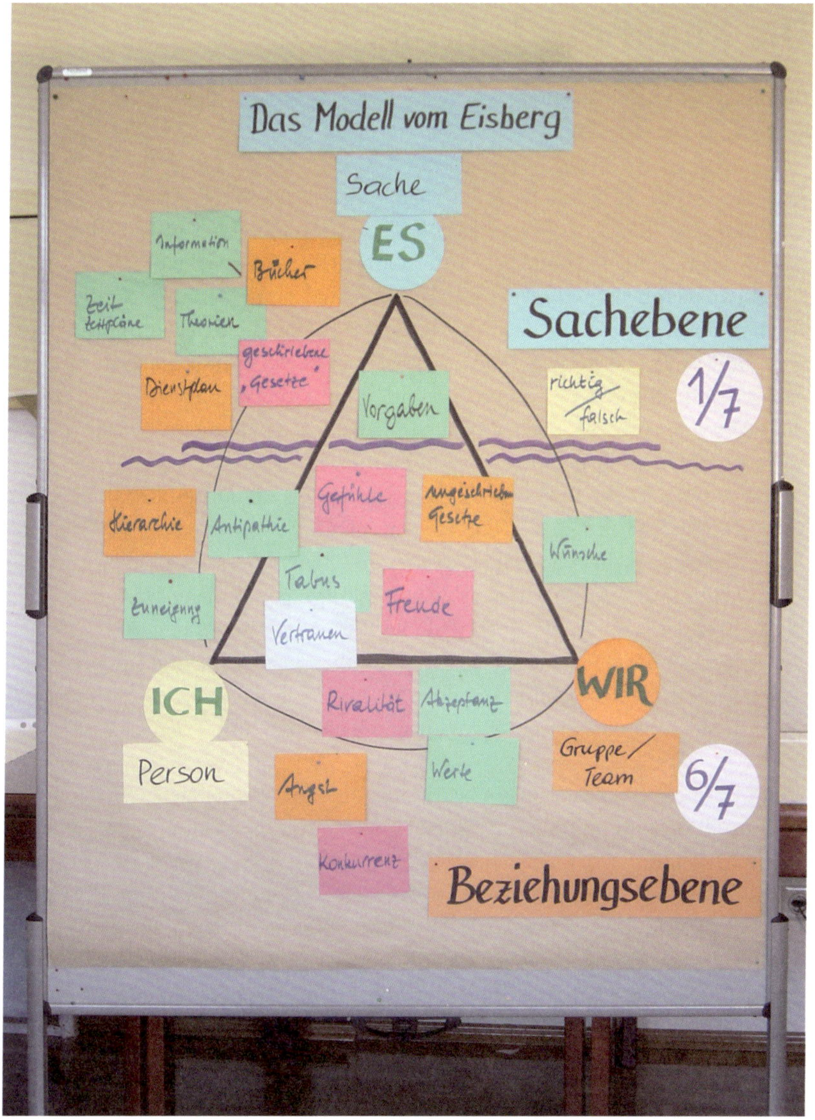
Das Modell vom Eisberg
Sache
ES
Information
Bücher
Theorien
geschriebene Gesetze
Dienstplan
Vorgaben
Sachebene
richtig
falsch
1/7
Gefühle
ungeschriebene Gesetze
Hierarchie
Antipathie
Wünsche
Tabus
Freude
Zuneigung
Vertrauen
ICH
Person
Rivalität
Akzeptanz
WIR
Gruppe/Team
6/7
Angst
Werte
Konkurrenz
Beziehungsebene

Die Kunst des Lehrens

Den Eisberg in Balance halten

Das Bild vom Eisberg führt uns zu einer besonderen Didaktik, einem Grundmodell des Lehrens und Lernens. Dieses Modell hat Ruth Cohn unter dem Namen „Themenzentrierte Interaktion (TZI)" entwickelt.

„Themenzentrierte Interaktion" drückt wiederum die Bedeutung beider Ebenen aus: des Themas und der Beziehung. Die Reduzierung von Unterricht und Weiterbildung auf die Sachebene ist nach Ruth Cohn nicht nur einseitig, sondern auch zu fremdbestimmt. Menschliches Lernen muss neben dem Wissenszuwachs auch die persönliche Entwicklung und den verantwortlichen Umgang gegenüber anderen umschließen.

Das ursprüngliche Bild vom Eisberg ist zum „TZI"-Dreieck geworden:

Es Ist die Sachebene, das Thema, der Inhalt

Ich Bezeichnet die Vorerfahrungen zum Thema, die persönlichen Interessen, die Bedeutung und in weiterer Folge persönliche Haltungen und Kompetenzen (mein Bezug/meine Beziehung zum Thema)

Wir Bezeichnet die Begegnung und Auseinandersetzung mit anderen zum Thema, dabei kommen kommunikative Fähigkeiten, Einfühlungsvermögen, Kooperation, Offenheit und Toleranz zum Tragen.

Weiterbildung ist immer in ein bestimmtes Umfeld eingebettet (Firma, Institution, Mitarbeiter, ...) und damit bestimmten Rahmenbedingungen, Werten und Normen unterworfen (Kreis).

Die zentrale Rolle in diesem Prozess haben die Lehrenden inne: Die Aufgabe des Lehrenden in der Mitte des Dreiecks besteht darin, für die Berücksichtigung aller drei „Ecken" zu sorgen. Mit ihrer Sachkompetenz sorgen Lehrende für gute Inhalte, mit ihrer didaktischen Kompetenz für die Einbeziehung der „Ichs" und die Unterstützung bei Verarbeitung und Umsetzung und mit ihrer Leitungs- und Sozialkompetenz fördern sie die Begegnung sowie Auseinandersetzung in der Gruppe.

So fördern sie „ganzheitliches Lernen" und sprechen „den ganzen Menschen" an.

Ein Dreieck
für das Lehren und Lernen
Fach-
kompetenz
Es
Sachebene
Planungs-
kompetenz
Methoden-
kompetenz
1/7
6/7
Arbeits-
haltung
Sprach-
kompetenz
Beziehungsebene
Ich
Wir
Personale
Kompetenz
Führungs-
kompetenz
Sozial-
kompetenz

Ideen für „Es", „Ich" und „Wir"

„Futter" in jede Ecke des Dreiecks

Das Dreieck des Lehrens und Lernens bleibt für uns nicht nur eine theoretische Grundlage und Absicherung unserer Arbeit. Das Dreieck ist für uns auch eine ganz handfeste praktische Anleitung für die Seminarplanung. Wir zeichnen für jedes unserer Seminare das Dreieck auf und sammeln für jede Ecke Programmpunkte. Wir wissen: Wenn beim Seminar jede Ecke ausreichend zum Tragen kommt, ist das ein entscheidender Beitrag zum guten Gelingen. Dabei ist die Zuordnung von Programmideen zu den einzelnen Ecken nicht immer ganz trennscharf möglich. Manchmal passt eine Idee auch zu mehreren Ecken gleichzeitig. Das ist kein Nachteil.

In die Ecke des **„Es"** passen Ideen, die thematisch Neues, Wichtiges, neue Zusammenhänge, grundlegende Informationen, Anwendbares, praktische Gegenüberstellungen, Vergleiche, neue Möglichkeiten und Perspektiven usw. betreffen.

Zur Ecke des **„Ich"** gehören Vorwissen und Vorerfahrungen der einzelnen Teilnehmer, mitreden dürfen, den Platz in der Gruppe finden, eigene Meinung kundtun, Umsetzung des Gelernten bewerten, die eigene Situation reflektieren, auch sagen, wenn mich etwas stört, für sich ein Resümee ziehen usw.

In die Ecke des **„Wir"** kommen Punkte zum Kennenlernen der anderen, einen geeigneten Grad von Offenheit finden, Erfahrungen austauschen, gemeinsam etwas erarbeiten, unterschiedliche Meinungen zu einem Thema erkennen, diskutieren, zuhören, argumentieren, Folgen von Handlungen abwägen usw.

Nachdem wir eine Menge Programmideen zu „Es", „Ich" und „Wir" gesammelt haben, wählen wir die besten Ideen aus und gestalten daraus einen rhythmischen Seminarablauf.

Zusätzlich werfen wir einen Kontrollblick auf den **„Globe",** der das Dreieck umschließt. Hierher gehören die Rahmenbedingungen, also Vorgaben des Auftraggebers, die vereinbarten Ziele, die Erwartungen der Teilnehmer, das berufliche Umfeld der Teilnehmer, die Umsetzungsmöglichkeiten des Gelernten usw. (die Beachtung des Globes entspricht weitgehend der Teilnehmeranalyse in der Vorbereitung).

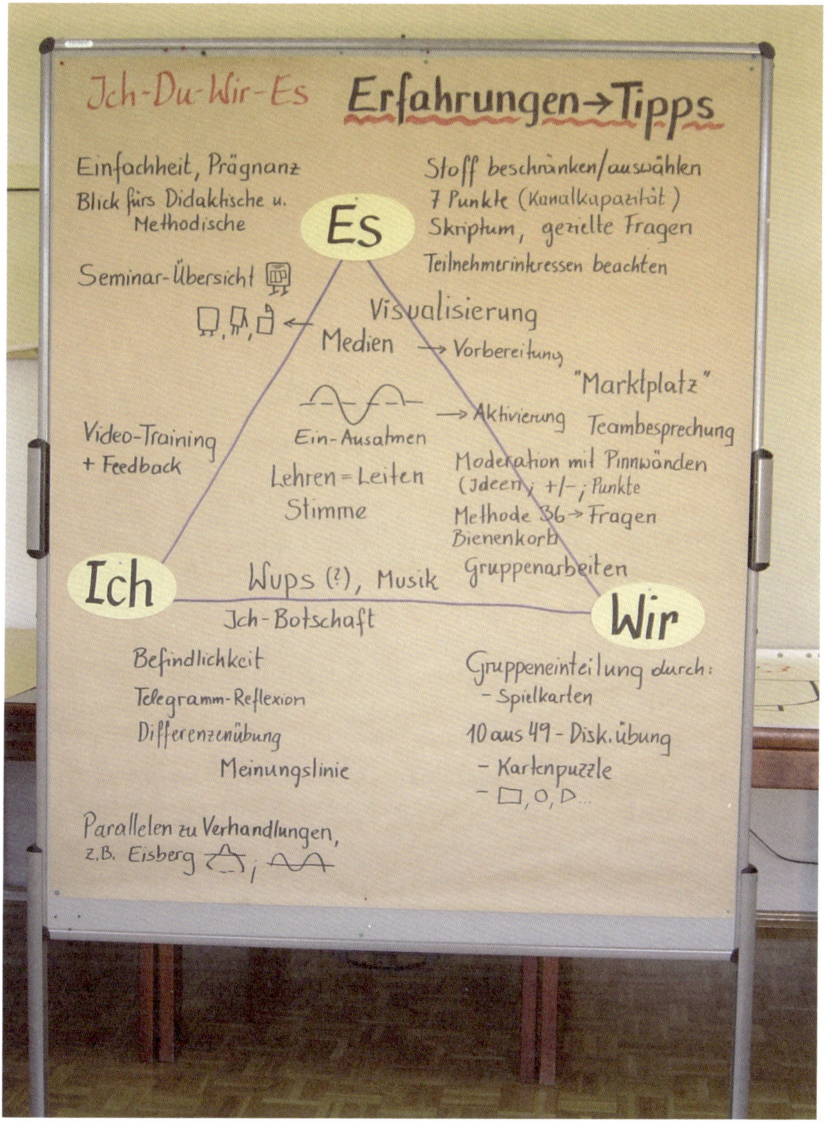

Jch-Du-Wir-Es
Erfahrungen → Tipps
Einfachheit, Prägnanz
Blick fürs Didaktische u. Methodische
Es
Stoff beschränken/auswählen
7 Punkte (Kanalkapazität)
Skriptum, gezielte Fragen
Teilnehmerinteressen beachten
Seminar-Übersicht
Visualisierung
Medien → Vorbereitung
"Marktplatz"
Ein-Ausatmen
→ Aktivierung
Teambesprechung
Video-Training + Feedback
Lehren = Leiten
Stimme
Moderation mit Pinnwänden
(Jdeen; +/-; Punkte
Methode 36 → Fragen
Bienenkorb
Gruppenarbeiten
Ich
Wups (?), Musik
Jch-Botschaft
Wir
Befindlichkeit
Telegramm-Reflexion
Differenzenübung
Meinungslinie
Gruppeneinteilung durch:
- Spielkarten
10 aus 49 - Disk.übung
- Kartenpuzzle
- □, ○, ▷...
Parallelen zu Verhandlungen,
z.B. Eisberg

Ein gutes Seminar beginnt mit einer übersichtlichen Planung

„Planung ist nicht alles – aber ohne Planung ist alles …“

Für die Seminarplanung empfehlen wir folgende Schritte:

- Klärung mit dem Auftraggeber: Was sind die Ziele des Seminars? Welche Rahmenbedingungen sind zu beachten?
- Analyse der Situation: Wer sind die Teilnehmer? Welche Erwartungen haben sie?
- Für mich als LeiterIn: Thema präzisieren, d.h. Ideen sammeln und eingrenzen. Geeignete Methoden für die Themenklärung sind: Das Es-Ich-Wir-Dreieck, die Planung nach Drehbuch und Assoziationen in Form von Wortbildern.
- Die Entscheidung, mit welchen Medien ich visualisiere.
- Die „Regie des Raumes“: Nicht selten muss ich den Raum für meinen Bedarf umgestalten bzw. vorbereiten (lassen). Meist macht das der Veranstalter, wenn ich rechtzeitig vorher mitteile, wie ich es haben will.
  Sollen die Tische in U-Form aufgestellt werden? Arbeite ich im Sesselkreis ohne Tische (bei stärker personenorientierten Themen)? Wo platziere ich mich selbst? Wohin stelle ich die Medien? Wie sehen alle auf die Projektionsfläche? Wo sind die Plätze für Gruppenarbeiten? Usw.
- Wie gestalte ich den richtigen Anfang, um dem Seminar gleich die passende Richtung und Dynamik zu geben?
- Schließlich wird der Verlaufsplan (Trainerleitfaden) für das Seminar erstellt. Geeignet ist eine Tabelle mit Zeitleiste, Themen, Methoden und eventuell benötigten Materialien.
  Ein geschultes Auge sieht bereits im Verlaufsplan, ob ein Seminar eher eintönig wird oder abwechslungsreich und lebendig verläuft.
  Woran man das erkennt? – Am Methodenrhythmus.

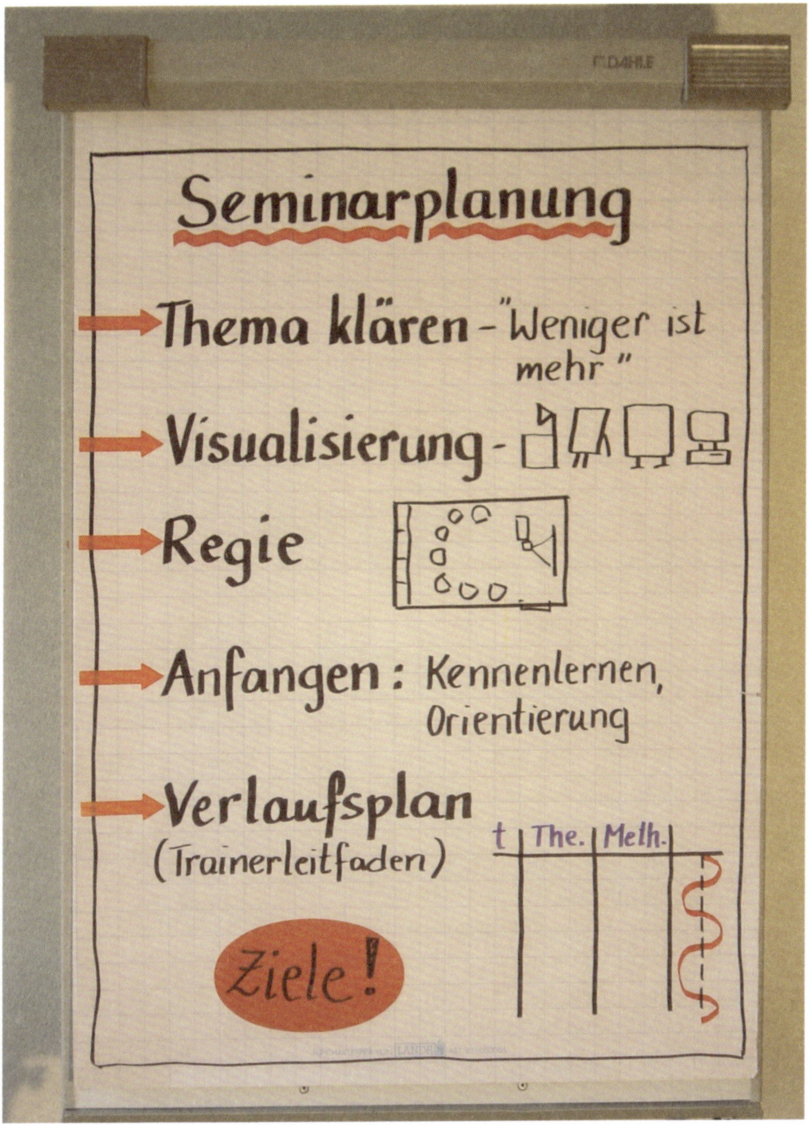
Seminarplanung
Thema klären – "Weniger ist mehr"
Visualisierung –
Regie
Anfangen: Kennenlernen, Orientierung
Verlaufsplan (Trainerleitfaden)
t | The. | Meth.
Ziele!

Nie mehr Langeweile

Rhythmisierung durch Methodenwechsel

Nie mehr Langeweile, Desinteresse, Abschalten oder Unruhe – wie soll das gehen?

Machen wir uns dazu bewusst, dass für jedes Seminar und jeden Unterricht *zwei Formen des Lehrens und Lernens* in Frage kommen:

- Die eine Form nennen wir **Darbietung**. Hier steht der Lehrende im Zentrum. Er trägt vor, präsentiert etwas oder leitet eine Diskussion. Alle oder fast alle Teilnehmer hören zu.
- Die andere Form nennen wir **Verarbeitung**. Hier stehen die Teilnehmer selbst im Zentrum des Geschehens. Sie bearbeiten Fragen und Aufgaben oder erarbeiten etwas.
  Sie machen das einzeln, in Partnerarbeit oder in Kleingruppen. Art und Tempo der Verarbeitung können die Teilnehmer dabei selbst bestimmen.

Kehren wir zur darbietenden Form zurück: Alle konzentrieren sich auf das Thema im Raum. Was passiert nach zehn Minuten? Möglicherweise haben einige bereits den Faden oder das Interesse verloren. Nach 20 Minuten (bei sehr lerngewohntem Publikum nach 30–40 Minuten) aber lässt bei den meisten die Konzentration nach. Bei einigen ist das Redebedürfnis nicht mehr zu bremsen und es entsteht Unruhe. Andere sind längst abgeschwenkt oder warten gähnend auf die Pause.

Jetzt nützt der tollste Inhalt und der großartigste Vortragende auch nicht mehr viel. Jetzt hilft Rhythmuswechsel!

Jetzt muss eine Phase der Verarbeitung stattfinden, eine Phase, in der die Teilnehmer selbst aktiv werden können. Hierbei werden andere Aufmerksamkeitskanäle angesprochen. Danach sind auch wieder Motivation und Aufnahmebereitschaft für eine darbietende Phase gegeben.

In einem Bild zusammengefasst: Der Seminarverlauf soll sein wie ein flüssig gesteckter Riesentorlauf beim Schifahren. Phasen der Darbietung und solche der Teilnehmeraktivität (Verarbeitung) sollen sich rhythmisch abwechseln. Die Dauer der einzelnen Phasen liegt zwischen 10 und 40 Minuten.

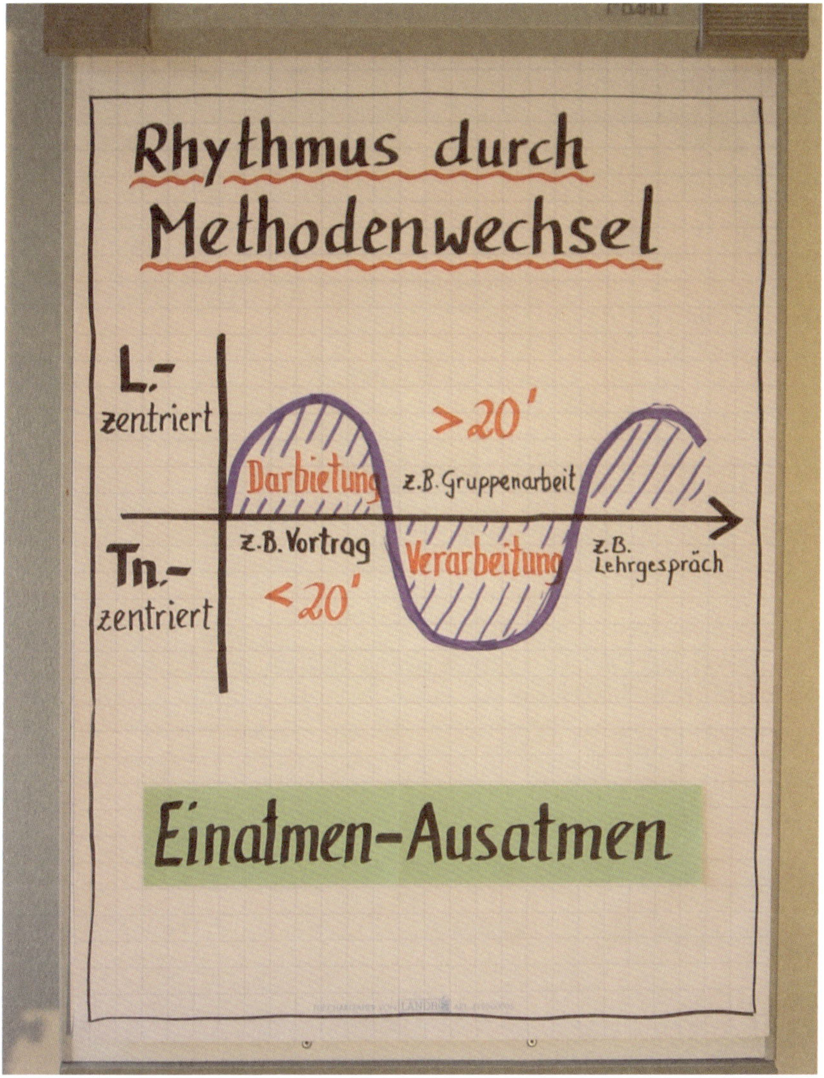
Rhythmus durch Methodenwechsel
L.-
zentriert
>20'
Darbietung
z.B. Gruppenarbeit
z.B. Vortrag
Verarbeitung
z.B.
Lehrgespräch
Tn.-
zentriert
<20'
Einatmen-Ausatmen

Diese Rhythmisierung in Phasen ist wie der Atemrhythmus des Menschen: Während der Darbietung agiert der Vortragende, er atmet aus. In der nachfolgenden Verarbeitungsphase sind die Teilnehmer aktiv, wodurch der Vortragende wieder einatmen und sich erholen kann. Umgekehrt ist es genauso: Während der Darbietung „inhalieren" die Teilnehmer das Wissen, sie atmen ein. Irgendwann sind dann die „geistigen Lungen" gefüllt. In der Verarbeitungsphase sind die Teilnehmer aktiv und atmen somit aus.

Rhythmisierte Seminare folgen dem Muster des Ein- und Ausatmens. Sie sind lebendig und aktivierend und damit das beste Rezept gegen Langeweile oder Unruhe.

Verlaufsplan für ein Seminar

Starten Sie mit dem Trockentraining

Gönnen Sie sich eine Phase des Ausatmens! Nach so viel Information ist das eine gute Gelegenheit, selbst etwas auszuprobieren.

Erarbeiten Sie für sich das, was unsere Teilnehmer in den Train-the-Trainer-Seminaren in Kleingruppen erstellen: Einen Verlaufsplan zu einem selbst gewählten Seminarthema mit eingezeichneter Ein-Aus-Atemkurve.

Und Sie werden sehen: Nach einer Schrecksekunde („Huch, jetzt soll ich selbst etwas tun?!") tun Sie es sicher gerne.

Viel Erfolg!

Gruppenarbeit:
Planen Sie einen Seminartag.
(evtl. Halbtag)
Beachten Sie dabei:
– Ziele, Einstieg
– Methodenwechsel (ein/aus-atmen)
– Abschluss
Visualisieren Sie den Plan auf FC,
Muster:
Zeit
Ziel/Themen
Methoden
Kurve
Anm.
Zeit:

Der Abschluss: Eine geglückte Landung

Der Abschluss ist ein Spiegelbild der Anfangsphase.

Am Anfang eines Seminars wird durch Kennenlernen und Orientierung die Basis für eine produktive Seminarzeit gelegt. Nun, am Ende des Seminars, wird die Ernte eingefahren. Der letzte Seminartag eines mehrtägigen Seminars besitzt obendrein eine eigene Dynamik: Der Reisekoffer ist gepackt, der Zimmerschlüssel abgegeben. Die Gedanken pendeln zwischen Seminar und zu Hause.

Die letzten Seminarstunden vor dem Abschluss gestalten wir bewusst mit viel Abwechslung und Aktivität. Dann ist es so weit: Die eigentliche Abschlussphase beginnt. Es ist ähnlich wie beim Landeanflug im Flugzeug.

Ein Seminar sollte nicht abreißen, der Abschluss ist für die Sicherung des Gelernten und die emotionale Abrundung wichtig und wertvoll. Bis ca. 10% der Seminarzeit dürfen dafür veranschlagt werden.

Wie wird die Abschlussphase gestaltet?

- Einen schönen Übergang zwischen Seminargeschehen und der Situation zu Hause bieten Überlegungen zur Anwendung des Gelernten. Was nehme ich mit und werde ich umsetzen? Der Wert der beruflichen Weiterbildung besteht im Transfer des Gelernten in die Praxis.
- In jedem Fall enthält die Schlussphase einen Rückblick mit Zusammenfassung. Wir dokumentieren viele Seminare in Form eines digitalen Fotoprotokolls. Nun sehen wir uns noch gemeinsam diese Fotos an.
- Die meisten Seminarveranstalter setzen einen Bewertungsbogen ein, der in der Schlussphase ausgefüllt wird.
- Abschließend sollten noch alle Teilnehmer Gelegenheit haben, für sich und die Gruppe eine kurze Schlussbilanz zu ziehen: Zu Ertrag, Verlauf, Trainern, Gruppe und Veranstaltungsort.
- Die Seminarleiter schließen das Seminar.

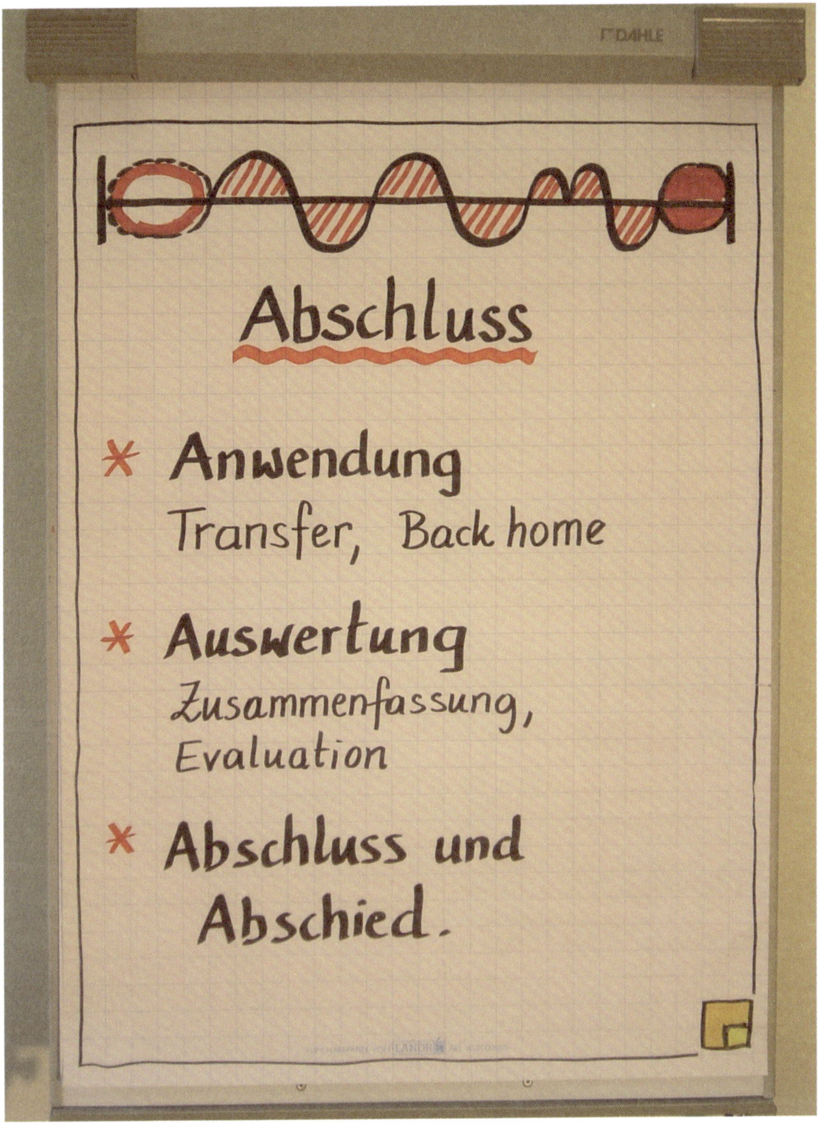

Abschluss
* Anwendung
Transfer, Back home
* Auswertung
Zusammenfassung,
Evaluation
* Abschluss und
Abschied.

5. Der Umgang mit Widerständen und schwierigen Situationen

Mit Widerständen umgehen

Muss das sein?

Manchmal läuft nicht alles glatt, und das ist eigentlich gut so! Warum? – Wird gleich geklärt.

Manchmal äußern Teilnehmer: „Ihr Vortrag ist so interessant, könnten Sie nicht anstatt der geplanten Gruppenarbeit fortfahren?“ „Bei mir in der Firma ist das alles ganz anders.“ „Rollenspiele haben mit der Realität nichts zu tun.“ Solche Aussagen müssen die Trainer erst entschlüsseln – was steckt dahinter? Sie können natürlich auch wichtige Hinweise dafür sein, an der Seminargestaltung etwas zu ändern. Durch Nachfragen erhalten die Trainer gegebenenfalls darüber Aufschluss.

Sehr oft haben solche Aussagen aber einen anderen Grund, der in den Teilnehmern selbst liegt, und sie zeigen den inneren Widerstand. Sie meinen anders ausgedrückt: „Wie soll ich jetzt meinen inneren Schweinehund auf Trab bringen, um an der gestellten Aufgabe zu arbeiten?“

Das Lernzonenmodell zeigt dieses Phänomen sehr einprägsam: Normalerweise sitzen wir in der Komfortzone. Hier fühlen wir uns wohl und sicher. Was es hier zu tun gibt, haben wir im kleinen Finger. Nun sind wir aber auch neugierig, Neues zu erfahren und zu lernen. Gleichzeitig wissen wir, dass das Engagement und Anstrengung erfordert. Hier meldet sich eine innere Stimme, die fragt: „Wozu?“

Jedes wirkliche Lernen ist ein Verlassen der Komfortzone, und das braucht Überwindung. Mit dem Eintritt in die Lernzone lassen wir uns auf etwas ein, was ein Stück weit neu, unbequem und anstrengend ist.

Das Maß an Anforderung und Herausforderung hat aber eine deutliche Grenze. Diese ist individuell verschieden. Lehrende dürfen diese Grenze nicht überschreiten. Es ist die Grenze zur Panikzone, in der die Angst so überwiegt, dass Personen völlig die Kontrolle über ihr Handeln verlieren.

Aber zurück zur Lernzone und zur Ausgangsfrage: Warum ist Widerstand positiv? Weil Teilnehmer damit ausdrücken, dass für sie hier wirkliches Lernen beginnt: Neues und Herausforderndes in einer bewältigbaren Dosis. Es fehlt nur noch ein letzter Kick. Und den geben die Trainer, indem sie Sicherheit vermitteln, Mut machen und ein Stück auch für die Sache werben.

Lernzonen-Modell
Komfort-
zone
Lern-
zone
Panik-
zone

Nicht aus dem Rahmen fallen

Das Rahmenmodell der Selbstwirksamkeit

Ob Privatwirtschaft oder öffentlicher Dienst – wir hören aus allen Berufsgruppen ohne Unterschied: Es wird immer schwieriger, die Zahl der Mitarbeiter wird weniger, die Belastungen steigen, die Arbeit wird mehr. Und was besonders kränkt: Die Berufsgruppen werden untereinander ausgespielt und schlecht gemacht: die Lehrer, die Beamten, die Eisenbahner, die Manager, usw. Und wenn dann ein Lehrer noch Beamter, ein Manager noch Eisenbahner ist, …

Und was kränkt, macht krank. Hier entsteht viel Demotivation und Frustration, was bis zu Krankheit und/oder Suchtverhalten führen kann.

Jedenfalls wird der der Blick auf die eigentliche Tätigkeit verstellt, die Leistung sinkt.

Wir alle arbeiten in einem **vorgegebenen Rahmen,** der ist für die einen größer, für andere kleiner. Aber innerhalb dieses Rahmens – und ist er noch so klein – können wir frei agieren, entscheiden, handeln. Mögen die Umstände außerhalb des Rahmens noch so widrig sein, innerhalb des eigenen Verantwortungsrahmens, dort, wo ich selbst wirksam sein kann, entsteht Zufriedenheit.

Am Beispiel der Volksschullehrerin: Klassenschülerzahlen, Pensionsreform, Ansehen der Berufsgruppe, Vorwurf der langen Ferien sind alles demotivierende Tatsachen außerhalb des Rahmens, Motivation und Zufriedenheit findet sie in der Arbeit mit ihren Schulkindern im Rahmen ihrer Klasse, wo sie selbst wirksam ist.

Die Klugheit liegt darin, nicht ständig innen und außen zu vermischen und dabei die Möglichkeiten innerhalb des Handlungsrahmens zu übersehen.

Achtung Führungskräfte: Das Raunzen über die schlechten Bedingungen wird oft als Ausrede genommen, um im eigentlichen Arbeitsbereich nichts mehr zu tun.

Für Sie als SeminarleiterIn ist dieses Modell eine wertvolle Unterstützung: Sie können demotivierten TeilnehmerInnen eine Perspektive der Selbstwirksamkeit geben, indem Sie die Aufmerksamkeit vom Lamentieren über die Bedingungen draußen wieder auf die Arbeit innerhalb des Rahmens lenken.

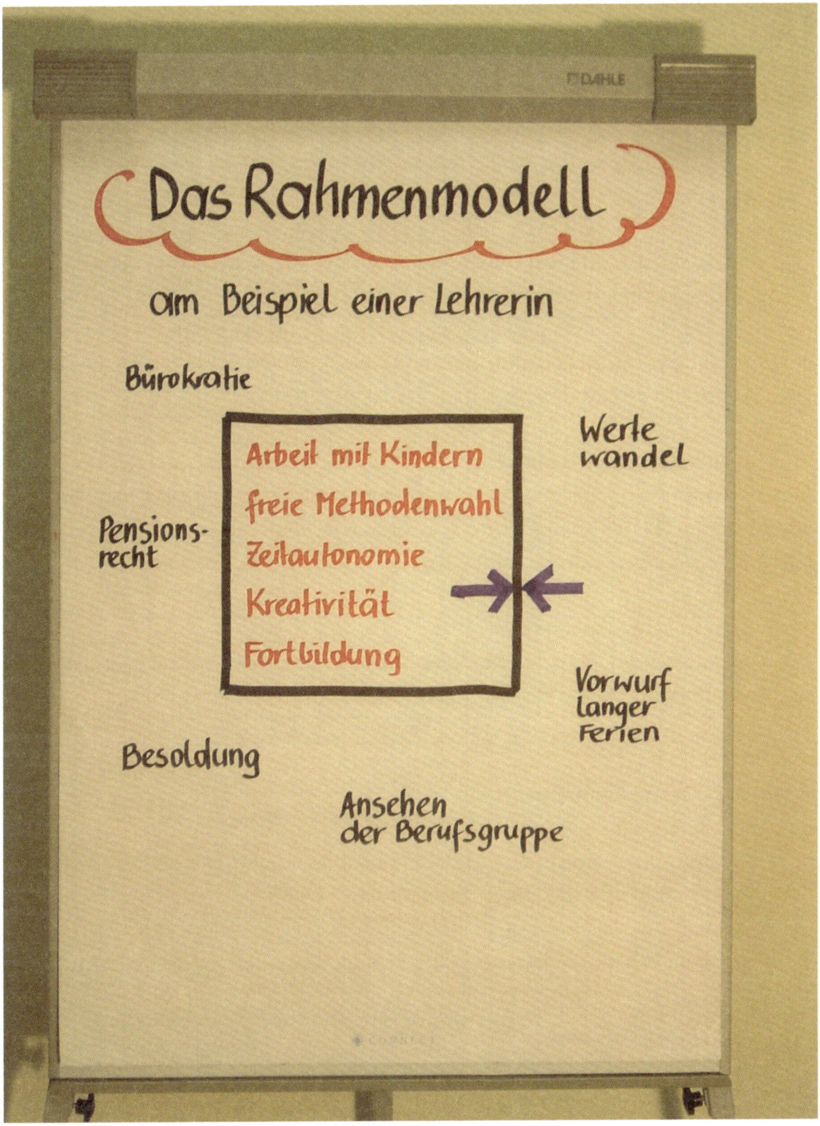
Das Rahmenmodell
am Beispiel einer Lehrerin
Bürokratie
Werte wandel
Arbeit mit Kindern
freie Methodenwahl
Zeitautonomie
Kreativität
Fortbildung
Pensions-recht
Vorwurf langer Ferien
Besoldung
Ansehen der Berufsgruppe

Die Stufen der Kompetenzentwicklung

Was Hänschen nicht lernt, ...

„Woran soll ich denn noch alles denken?“ „Das funktioniert in der Praxis sicher nicht!“ „Ich habe das schon einmal probiert, so gut hat das nicht geklappt!“ – Diese Sätze sind jedem Trainer/jeder Trainerin bekannt.

Ein Leben lang eingeübte Verhaltensformen, über Jahre übliche Verfahrensweisen in der Firma sollen durch ein einzelnes Seminar verändert werden. Das ist eine Herausforderung für Trainer und Coaches. Hilfreich ist das Wissen um die Stufen der Kompetenzentwicklung.

Stufe 1: **Unbewusste Inkompetenz**
Jemand weiß gar nicht, dass er etwas nicht weiß. Dieser glückliche Zustand des „dumpen Thors“ dauert meist nicht lange, denn private oder berufliche Herausforderungen führen schnell in die

Stufe 2: **Bewusste Inkompetenz**
Die Person erkennt, dass sie manchen Situationen nicht gewachsen ist, dass sie etwas können sollte, was sie noch nicht kann. Deshalb geht sie zu Ihnen ins Seminar und erreicht die

Stufe 3: **Bewusste Kompetenz**
Sie als TrainerIn liefern Modelle, Techniken, also Know-how, das die Person zwar versteht, aber noch sehr unbeholfen und holprig anwendet. In diesem Stadium fallen dann die oben zitierten Sätze. Es wird die Methode, das Modell, die Theorie in Frage gestellt. Hier haben Sie die wichtige Aufgabe, zu ermutigen, beim Durchtauchen der Anfangsschwierigkeiten zu unterstützen und so in die

Stufe 4: **Unbewusste Kompetenz**
überzuleiten.
In diesem Stadium ist die neue Verhaltensweise bereits internalisiert, automatisiert – es geht leicht von der Hand. Die Person denkt gar nicht mehr daran, dass sie einmal anders gehandelt hat. Ob es das Erlernen des Autofahrens, der Technik des aktiven Zuhörens oder die Einführung eines neuen Arbeitsablaufes betrifft – diese Stufen werden immer durchlaufen.

Stufen der Kompetenzentwicklung
bewusste Inkompetenz
bewusste Kompetenz
unbewusste Inkompetenz
unbewusste Kompetenz

Die Konflikt- oder Problemlandkarte

Mir fehlt der Plan!

Sie müssen als TrainerIn nicht alle Fragen selbst bearbeiten und lösen.

Nützen Sie die **Kraft der Gruppe** sowie die Kompetenz und den Erfahrungshintergrund der TeilnehmerInnen.

Noch dazu werden kollegiale Überlegungen und Ratschläge sehr gerne angenommen.

Die Übung beginnt mit einer Einzelarbeitsphase. Alle erstellen eine soziogrammähnliche, strukturierte Zeichnung des Problems oder des Konflikts, von dem die jeweilige Person selbst betroffen ist. Die TN sollen Farben, Symbole, Größenunterschiede, Nähe und Abstand bewusst verwenden.

Im nachfolgenden Schritt werden Triaden gebildet. Die Mitglieder der Kleingruppe stellen einander ihre Zeichnungen kurz vor und entscheiden, mit welcher die Besprechung begonnen werden soll. Die Besprechungen sind zeitlich limitiert. Das folgende Ritual kann hilfreich sein:

- FallerzählerIn schildert genau, was das Problem ausmacht, wer beteiligt ist, was schon alles zur Lösung unternommen wurde. ZuhörerInnen hören zu und stellen Fragen zur Klärung des Sachverhaltes. Keine Lösungsvorschläge. Ca. 15 Minuten.
- ZuhörerInnen beraten das Gehörte, stellen Vermutungen an, entwickeln Bilder und Hypothesen, entwickeln Lösungsideen. Dabei darf auch Verrücktes gedacht werden, noch keine Zensur. FallerzählerIn hört zu, gibt allenfalls noch erklärende Erläuterungen. Ca. 15. Minuten.
- Abschließend versuchen alle drei, Lösungsvorschläge zu konkretisieren und festzuhalten. Ca. 15 Minuten
- Wenn notwendig und sofern noch Zeit zur Verfügung steht, können die Rollen vertauscht und noch ein weiterer Durchgang der kollegialen Beratung durchgeführt werden.

Meine Problem- oder Konfliktlandkarte
Kollege
Kollegin
ich
MA
Chef

Strategien der Verhaltenssteuerung

„Philipp, das missfällt mir sehr!“

Wenn die Seminarteilnehmer nicht so wollen, wie ich wohl will (frei nach Andersen), stehen Ihnen verschiedene Interventionsmöglichkeiten zur Verfügung. Naturtalente setzen bei Störungen im Seminar diese Strategien intuitiv ein, eine Systematisierung schadet nicht.

- **Körpersprachliche** Strategien:
  Der Einsatz von Mimik und Gestik, Stimme und Lautstärke, Nähe und Distanz zum Störungsherd hilft meistens. Der Blickkontakt ist ein starkes Disziplinierungsmittel. Über allem aber steht Entschlossenheit und Festigkeit in der eigenen Haltung.

- **Verhaltenspsychologische** Strategien:
  Ignorieren Sie störendes Verhalten nicht, das ist die Erlaubnis zum Weitermachen. Sagen Sie, wenn Sie etwas stört, sagen Sie, wie Sie es haben wollen, fordern Sie das gewünschte Verhalten ein. Und das alles in Ich-Botschaften – damit haben Sie wirksame Instrumente.

- **Systemische** Strategien:
  Sie sind als LeiterIn Teil des Systems Seminar. Verstehen Sie Störungen als Information an Sie: Ist der Vortrag fad, ist der Stoff unverständlich oder zu viel? Verändern Sie etwas! Jede einzelne Veränderung wirkt sich wie im Spinnennetz auf das Gesamtsystem aus: meine eigene Veränderung kann ich am leichtesten beeinflussen und steuern. Die Veränderung der eigenen Einstellung fällt leichter, wenn das Glas als halb voll gesehen wird, und wenn beim Käse nicht die Löcher das Thema sind, sondern die gute Substanz. Manches Verhalten lässt sich auch umdeuten (Zuspätkommen als Interesse, doch noch zu erscheinen.) Viele Dinge können wir nicht verändern, wir können aber immer unsere Einstellung dazu selbst wählen.

- Strategien der **Zustandsunterbrechung:**
  Manchmal ist „die Luft zum Schneiden“, Sie spüren eine Spannung oder Lähmung im Raum: unterbrechen Sie diesen Zustand. Eine Pause, das Fenster öffnen, die Methode, das Medium, das Thema wechseln, ein Paar- oder Kleingruppengespräch ansetzen, ein Seminarspiel, die Situation ansprechen – danach geht es wieder entspannter weiter.

Verhaltenssteuerung
Verhaltenspsych. Strategien
körpersprachliche Strategien
systemische Stategien
Zustands-unterbrechung
wahrnehmen
ignorieren
Ermahnung
präzise Aufforderung
Ich-Botschaft
zu einer Maßnahme veranlassen
Humor !
Stimme
Mimik
Gestik
Blickkontakt
Nähe-Distanz
Haltung
Festigkeit
Präsenz
Umdeutung
Pause
Ortsver-änderung
körperliche Veränderung
Einzel-, Paar-, Gruppenarbeit
Spiele
Gesprächs-zwiebel
Methode 33

Was tue ich, wenn ...

Bearbeiten schwieriger Situationen

Das ist eine der wichtigsten Fragen für TeilnehmerInnen: Wie bewältige ich meine Berufspraxis? Wir geben dieser Frage in unseren Seminaren immer ausreichend Raum.

- **Sammeln** Sie Fragen aus der Praxis. Alle schreiben wenigstens ein Kärtchen mit je einer Frage. Wenige Schlagworte, für die Gruppe leserlich.
- Die Kärtchen mit kurzem Kommentar an der Pinnwand anbringen und gleich thematisch **ordnen.**
- Durch Kleben von Bewertungspunkten können Sie eine Interessenreihung, was für die Gesamtgruppe vorrangig Bedeutung hat, erstellen.
- Beim **Abarbeiten** der entstanden Liste ist Ihre situative Kompetenz gefragt: Womit kann ich die Fragen zielführend beantworten?
  - Rollenspiel
  - Modelle aus der Theorie
  - Diskussion
  - Stellbildübungen
  - an die erfahrenen anwesenden Praktiker weitergeben
  - Ihre Expertenmeinung

Wechseln Sie die Bearbeitungsweisen je nach Thema. Wenn Sie am Schluss die bearbeiteten Kärtchen abnehmen lassen, haben Sie auch einen optisch eindrücklichen Leistungsnachweis.

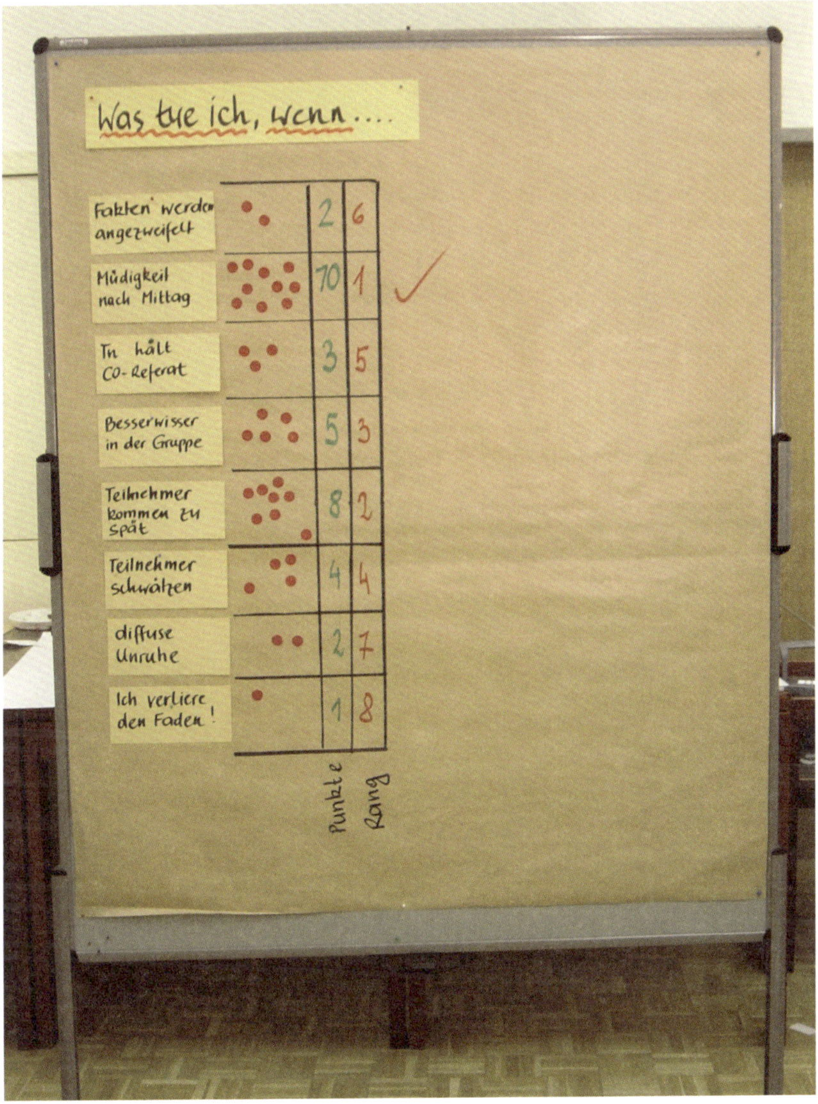
Was tue ich, wenn ....
Fakten werden angezweifelt
2
6
Müdigkeit nach Mittag
10
1
Tn hält CO-Referat
3
5
Besserwisser in der Gruppe
5
3
Teilnehmer kommen zu spät
8
2
Teilnehmer schwätzen
4
4
diffuse Unruhe
2
7
Ich verliere den Faden!
1
8
Punkte
Rang

Wer hat das Problem?

Verhaltensrechteck nach Thomas Gordon

Menschen wollen normalerweise gut miteinander auskommen. Ziel im Umgang miteinander ist die gute Zusammenarbeit, ein möglichst großer problemfreier Bereich. Dieser Bereich wird leider oft gestört.

- Unser Gegenüber kann ein Problem haben, unter einer Belastung, einer Unter- oder Überforderung, einem Schicksalsschlag, einer Krankheit, einer Unvereinbarkeit usw. leiden.
- Ich selbst habe ein Problem, mich stört etwas: die Unpünktlichkeit eines Mitarbeiters, störende Gespräche während meines Vortrags, wiederholte Fehler in einem Akt, unangebrachte Umgangsformen usw.

Die entscheidende erste Frage lautet: **Wen stört es?**

Danach richtet sich die Reaktion.

Hat mein Gegenüber das Problem, so ist die richtige Reaktion: **Ich höre dir zu,** erzähle. Ich bin aktiv für dich anwesend.

Habe jedoch ich das Problem, muss ich mich **abgrenzen,** den Übergriff zurückweisen, sagen, dass ich das nicht will.

Warnung vor zwei Hauptfehlern:

- Jemand erzählt mir sein Problem, und ich mache es sofort zu meinem. Menschen, die mit diesem Helfersyndrom ausgestattet sind, führen sich selbst in die Überforderung und ihr Gegenüber in die erlernte Hilflosigkeit.
- Ich tue lange so, als ob mich eine Störung gar nicht stören würde. Dabei steigt der innerliche Druck stetig, und oft genügt eine Kleinigkeit für die Explosion. Unser Gegenüber kennt sich nicht aus, weil wir ja nie etwas gesagt haben.

Wer besitzt das Problem?
Wen stört es?
Thomas Gordon
der/die andere hat das Problem
aktives Zuhören
problemfrei
gute Zusammenarbeit
Helfersyndrom → erlernte Hilflosigkeit
vorgetäuschte Akzeptanz
Ich habe das Problem
Ich-Botschaft
Grenzen ziehen

Aktives Zuhören

> Was die kleine Momo konnte wie kein anderer, das war: Zuhören.
> *Michael Ende*

Aktives Zuhören ist eine Form des Daseins für unsere Gesprächspartner, eine Haltung. Das braucht auch Zeit und Zuwendung. Durch aktives Zuhören vermitteln wir das Gefühl, verstanden zu werden. Durch aktives Zuhören ermöglichen wir unseren GesprächspartnerInnen, das Problem zu benennen, darzustellen – und das ist häufig schon ein Teil der Lösung, jedenfalls eine befreiende Entlastung.

Ermutigen Sie zum Gespräch und verwenden Sie Türöffner:
- „Ich habe den Eindruck, dir liegt was am Herzen?"
- „Möchtest du mir was mitteilen?"
- „Ich würde gerne hören, was du darüber denkst?"

Dann tragen Sie zur Klärung bei, indem Sie das Gehörte zusammenfassend oder wiederholend **paraphrasieren.**
- „Sie glauben also, dass …"
- „Habe ich richtig verstanden, dass …"
- „Meinst du damit, …"

Untermauern Sie das Vertrauen durch zusätzliches **Verbalisieren** der beobachteten oder vermuteten Gefühle Ihres Gegenübers:
- „Darüber sind Sie sehr traurig."
- „Dabei erleben Sie sich machtlos."
- „Wenn Sie das sagen, wirken Sie sehr verunsichert."

Beschwichtigung, Abschwächung, Mitleid, Moralisieren, Urteilen, Schimpfen schadet in dieser Situation. Fragen Sie, was die Person schon selbst zur Lösung beiträgt. Erst wenn Sie um Rat oder Hilfe gefragt werden, überprüfen Sie, was Ihnen an Unterstützung möglich ist.

Verwenden Sie Ihre eigene Sprache und vermeiden Sie angelernte Formelhaftigkeit.

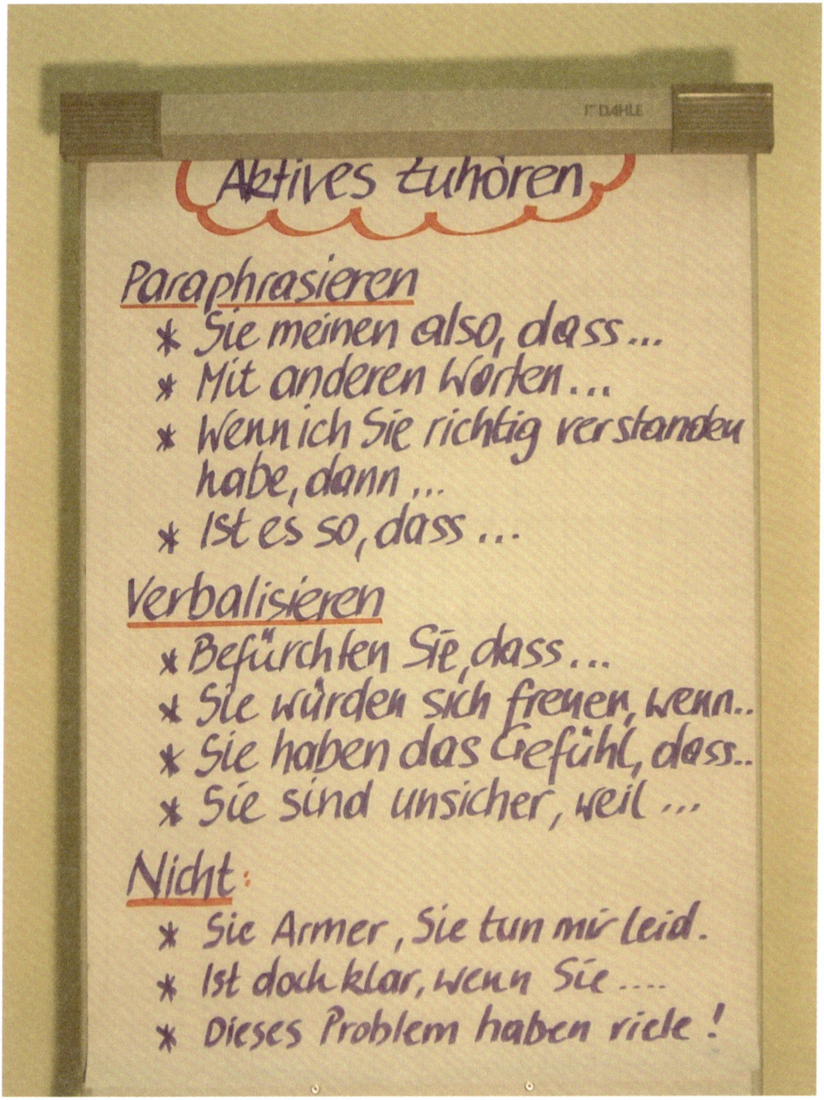
DAHLE
Aktives Zuhören
Paraphrasieren
* Sie meinen also, dass ...
* Mit anderen Worten ...
* Wenn ich Sie richtig verstanden habe, dann ...
* Ist es so, dass ...
Verbalisieren
* Befürchten Sie, dass ...
* Sie würden sich freuen, wenn ..
* Sie haben das Gefühl, dass ..
* Sie sind unsicher, weil ...
Nicht:
* Sie Armer, Sie tun mir leid.
* Ist doch klar, wenn Sie ....
* Dieses Problem haben viele!

Ich-Botschaft als Methode der Abgrenzung

> Weil ich es mir wert bin!
> *Werbetext*

Jemand hält Vereinbarungen nicht ein, ein anderer ist schlampig in der Arbeit, wieder ein anderer verwendet unerlaubt Ihre Unterlagen – das muss abgestellt werden.

Eine Methode, Grenzen deutlich zu ziehen und dabei doch in der Beziehung bleiben zu können, bietet die Ich-Botschaft.

Dieses Instrument wenden Sie bei **mittleren** Störungen an. Bei Kleinigkeiten lohnt der Aufwand nicht, bei groben Verstößen folgt ein Kritikgespräch oder eine Disziplinarmaßnahme.

Die Konstruktionselemente:

- **Beschreiben** Sie genau, welches Verhalten Sie stört. Konkret, keine Verallgemeinerungen, möglichst mit Daten und Beispielen. Ihr Gegenüber sollte keine andere Wahl haben, als (wenigstens innerlich) zur Beschreibung Ja zu sagen.
- Machen Sie klar, welche **Auswirkungen** das beschriebene Verhalten hat. Auch hier sollten Sie noch ein Ja abholen können.
- Formulieren Sie, was dieses Verhalten bei Ihnen auslöst. Wählen Sie geeignete **Gefühl**svokabel: „Es ärgert, freut, belastet, stört, … mich …“
- Mit dem Appell, was Sie sich wünschen, schließen Sie ab: „Ich möchte/erwarte/hoffe, dass …“

Die Stärke dieses Instruments liegt in der Kritik des Verhaltens und nicht der Person und dass Sie in der Mitteilung von Ihrem Gefühl ausgehen. Das wird meist sehr ernst genommen.

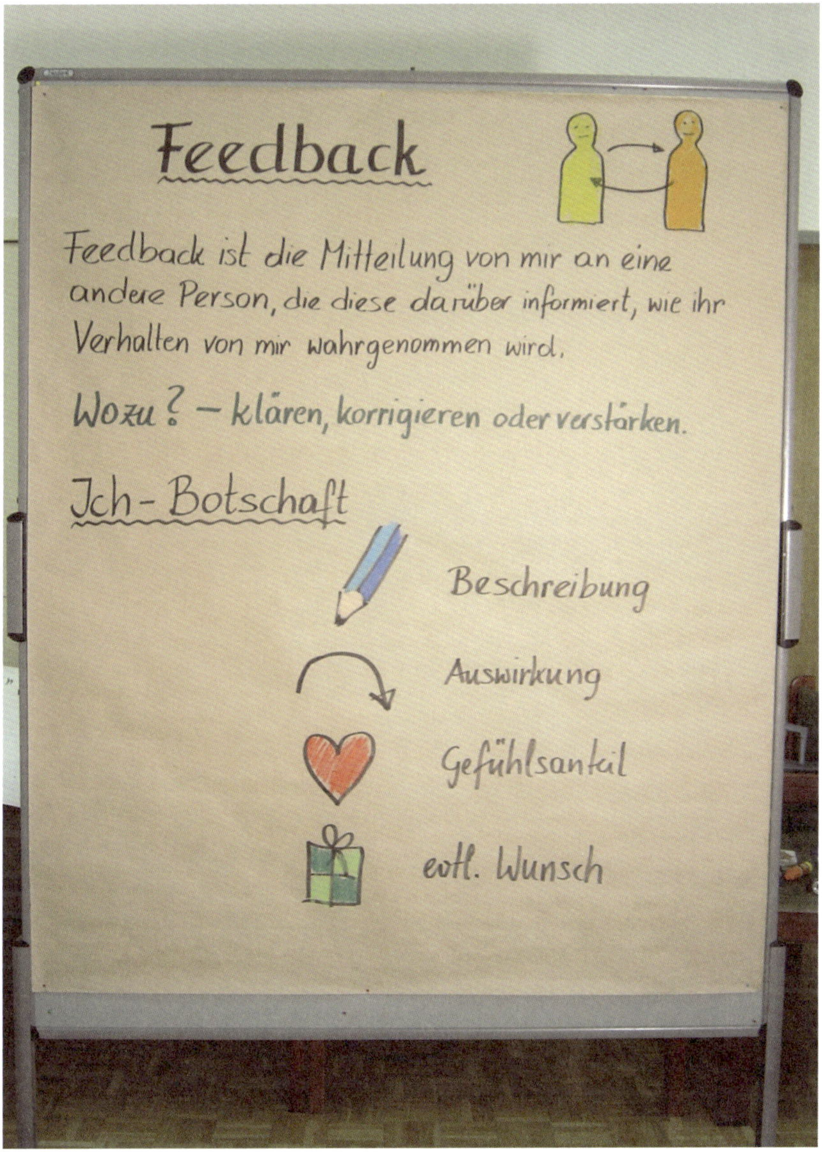
Feedback
Feedback ist die Mitteilung von mir an eine andere Person, die diese darüber informiert, wie ihr Verhalten von mir wahrgenommen wird.
Wozu? – klären, korrigieren oder verstärken.
Jch-Botschaft
Beschreibung
Auswirkung
Gefühlsanteil
evtl. Wunsch

6. Aktivierende Methoden

Sozialformen

Mittun statt berieseln lassen

Seminare leben von der Beteiligung. Drinnen sitzen und auf die Uhr schauen ist vorbei. Das Seminar verläuft nach dem Lebensprinzip „Einatmen und ausatmen". In diesem Kapitel machen wir Ihnen Angebote, wie Sie die Menschen in Ihrem Seminar zum Ausatmen bringen können.

Beschäftigen Sie die Teilnehmenden einzeln (Einzelarbeit), zu zweit (Paararbeit), zu dritt (Triaden) oder in verschieden großen Gruppen (Gruppenarbeit). Die Gesamtgruppe (Plenum) ist zentraler Ausgangspunkt für die dezentralen Arbeitsphasen, in ihr werden auch die Ergebnisse wieder zusammengetragen und präsentiert.

Für die **Einzelarbeit** im Seminar bietet sich die Bearbeitung eines **Arbeitsblattes** an. Wir teilen die Arbeitsblätter in der Situation aus. Farbe belebt zusätzlich. Ergänzen, Lückentexte ausfüllen, Überlegungen festhalten, Tests bearbeiten, Erkenntnisse formulieren, Fallbeispiele bearbeiten, Fragen beantworten, Erträge sichern – so bringen wir die Einzelperson in Berührung mit dem Seminarstoff.

Das **Skriptum** gehört zum Seminarstandard. Wir verwenden Skripten meist als Nachleseunterlagen, deshalb teilen wir Skripten immer am Ende des Seminars aus. Wenn das Skriptum als Arbeitsskriptum konzipiert ist, kann es gut die Funktion wie ein Arbeitsblatt erfüllen.

Paararbeit ist oft lustiger. Hier kommt das Gespräch belebend dazu: Diskutieren, Standpunkte zu vertreten, Ansichten abzugleichen, Einigung zu erzielen bringt die Personen einander näher und macht die Ergebnisse besser.

Nur in sachlich begründeten Fällen lassen wir die Paare oder Kleingruppen immer gleich zusammengesetzt. Wir bevorzugen Durchmischungen und verwenden dazu erprobte Methoden der Paar- und Gruppenbildung.

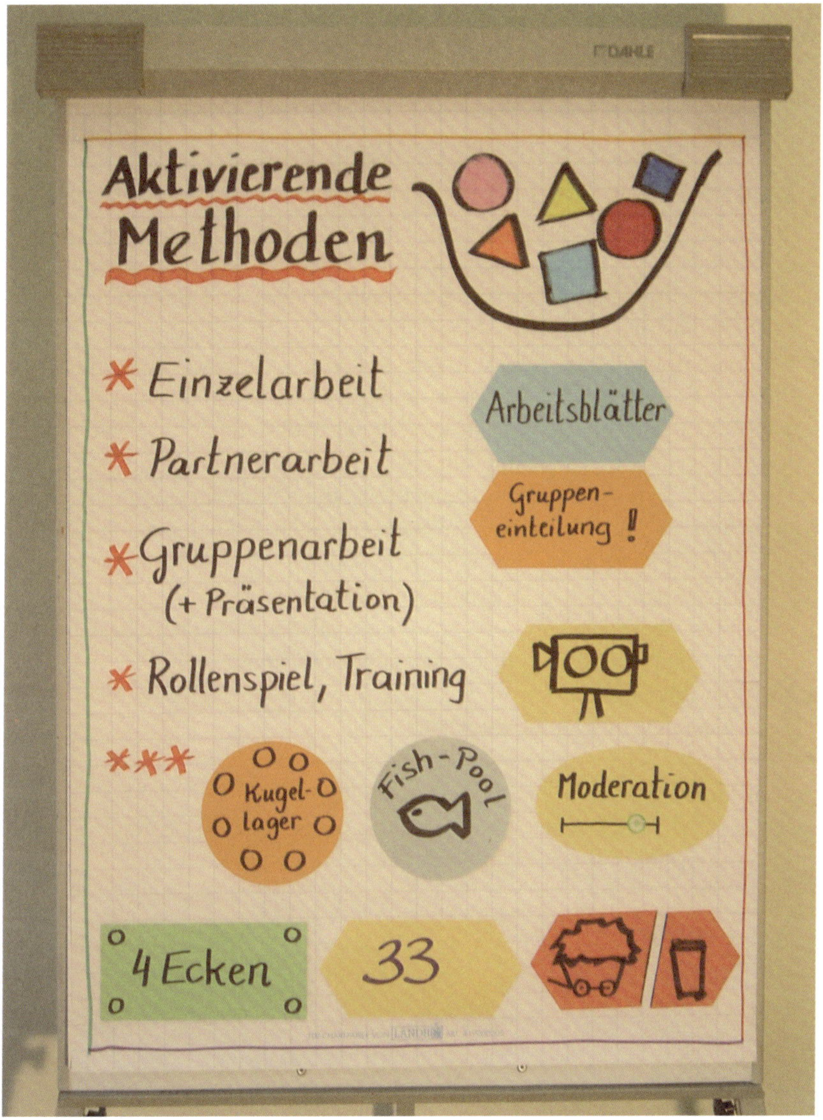
Aktivierende Methoden
* Einzelarbeit
* Partnerarbeit
* Gruppenarbeit (+ Präsentation)
* Rollenspiel, Training
***
Arbeitsblätter
Gruppeneinteilung !
Kugellager
Fish-Pool
Moderation
4 Ecken
33

Methoden zur Paarbildung

Zu zweit ist es lustiger

- **Spielkarten:** Sie nehmen zwei Könige, zwei Damen, zwei Asse usw., bis Sie die Anzahl Ihrer Gruppenmitglieder haben, mischen kräftig, lassen ziehen oder teilen aus. Danach bitten Sie die TeilnehmerInnen aufzustehen und sich ihre Entsprechung zu suchen. Stimmengewirr und Bewegung erzeugen eine positive Stimmung im Seminarraum.
- **Berühmte Paare:** Schon die Vorarbeit ist lustig: Wir beschreiben Kärtchen mit den Namen berühmter Paare, je ein Name auf ein Kärtchen: Romeo und Julia, Adam und Eva, Old Shatterhand und Winnetou, ... Die Karten werden vermischt, verteilt und Paare finden sich zusammen.
- **Schnüre:** Mit dieser Paarbildungsmethode können Sie für geübte SeminarbesucherInnen ein bisschen mehr Nähe erzeugen. Sie nehmen halb so viel, ca. 3 Meter lange bunte Sprungschnüre, als Sie Personen in der Gruppe haben, verknäulen diese, alle nehmen je ein Schnurende in die Hand und entwirren das Knäuel, ohne die Schnur auszulassen. Die Paare haben schon vorher einen Gesprächs- oder Arbeitsauftrag bekommen.
- Mit den **Sitznachbarn** neben, vor oder hinter einer Person können Paare ohne viel Aufwand gebildet werden.
- **Lesezeichen:** Sie nehmen verschieden färbige Fotokartons und schneiden ca. 5 cm breite Längsstreifen. Darauf schreiben Sie die Namen der Teilnehmenden. Mit Hilfe dieser Namenskarten können Sie die Gruppe vielfältig strukturieren.

Paar- und Gruppenbildung
Spielkarten
berühmte Paare
Hänsel
Gretel
Bonnie
Clyde
Hera
Zeus
Adam
Eva
Namensschilder
Herr Buchacher
Frau Müller
Herr Muster
Frau Wimmer
Herr Maier

Methoden der Gruppenbildung

Wer alleine arbeitet, addiert.
Wer zusammenarbeitet, multipliziert.

Gruppenarbeiten sind aus dem modernen Seminarleben nicht mehr wegzudenken. Gruppenarbeit muss gut vorbereitet sein: arbeitsfähige **Gruppengröße,** klar formulierter **Arbeitsauftrag,** mit Ziel**zeit** begrenzter Zeitrahmen, medial unterstützte **Ergebnispräsentation,** ausreichend geeignete **Arbeitsmaterialien** und Rückzugs**orte** für die Arbeit sind die entscheidenden Kriterien für den Erfolg.

Die verschiedenen Gruppen können gleiche Aufträge bearbeiten oder unterschiedliche. Nicht alle Gruppen müssen nacheinander die Ergebnisse präsentieren – das schlaucht.

Oft gibt es in Seminargruppen Untergruppen, Personen, die einander schon aus der Firma kennen oder die aus anderen Gründen mehr Nähe entwickelt haben. Das behindert manchmal die schwungvolle Dynamik im Seminar. Beleben Sie Ihr Seminar durch immer wechselnde Gruppenzusammensetzung. Der Zufall wird immer akzeptiert. Lassen Sie sich von hilfreichen **Gruppenbildungsmethoden** unterstützen:

- Die **Spielkarten**methode kennen Sie schon. Sie nehmen vier Könige, vier Damen usw.
- Die **Lesezeichen** sind besonders geeignet, die Zusammensetzung auch in der Vorbereitung schon zu überlegen und zu beeinflussen.
- **Ansichtskartenpuzzle:** Sie nehmen verschiedene, nicht zu ähnliche Ansichtskarten, für jede geplante Gruppe eine. Wenn Sie z.B. bei 20 TeilnehmerInnen 5 Gruppen bilden wollen, nehmen Sie 5 Karten. Danach zerschneiden Sie die Ansichtskarten in 4 Teile (4 x 5 = 20), durchmischen und verteilen die Teile und bitten die Teilnehmer, sich zusammenzufinden. Diese Arbeitsweise können Sie zusätzlich nützen, indem Sie auf die Rückseite der Ansichtskarte einen Arbeitsauftrag geschrieben haben.
- **Plakatwanderung:** Um der langwierigen (oft auch langweiligen) und Zeit raubenden Präsentation von Gruppenberichten zu entgehen, legen Sie die auf Flipchart geschriebenen Berichte sternförmig auf den Boden oder behängen eine Wand damit. Dann geben Sie Zeit, dass die TeilnehmerInnen interessiert die verschiedenen Berichte lesen und nachfragen können. Sie können auch ein Mitglied der AutorInnengruppe bitten, als Auskunftsperson beim eigenen Plakat stehen zu bleiben.

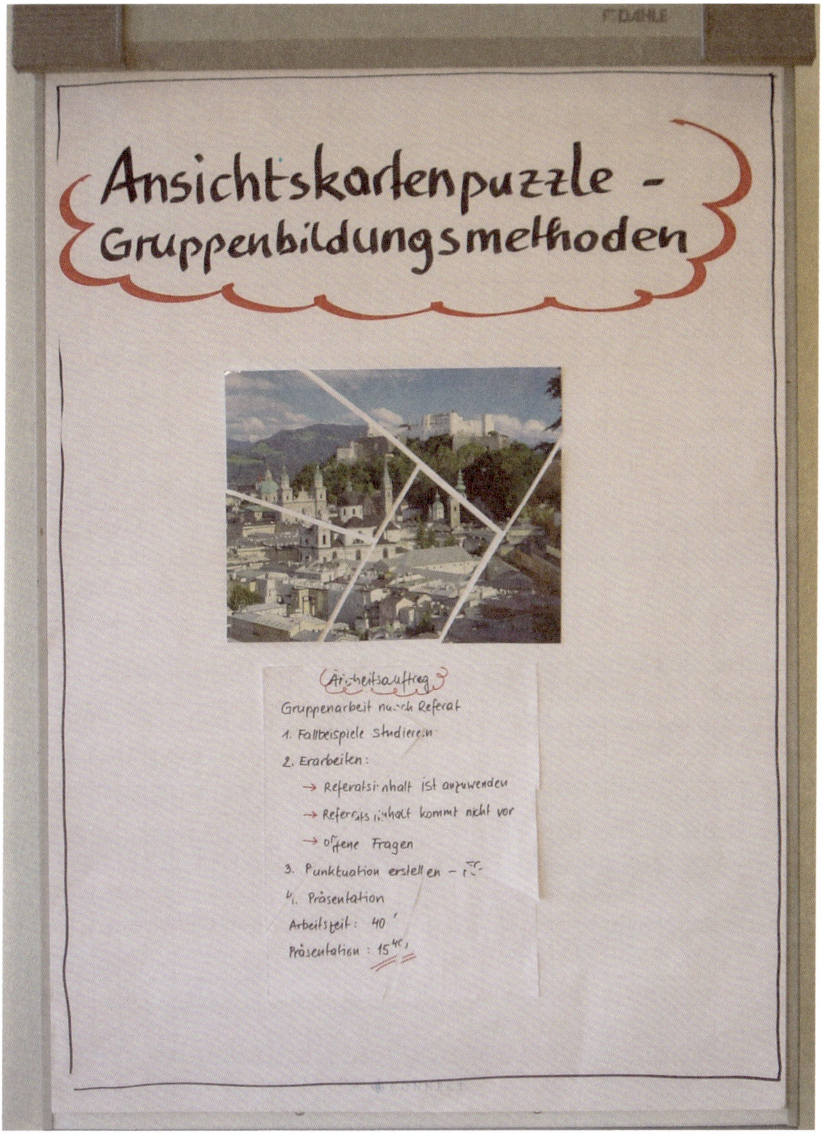
Ansichtskartenpuzzle -
Gruppenbildungsmethoden
Gruppenarbeit nach Referat
1. Fallbeispiele studieren
2. Erarbeiten:
→ Referatsinhalt ist anzuwenden
→ Referatsinhalt kommt nicht vor
→ offene Fragen
3. Punktuation erstellen
4. Präsentation
Arbeitszeit: 40'
Präsentation: 15

Gesprächsmethoden

**Schweigen ist Silber,
miteinander Reden ist Gold!**

Ihr Seminar wird lebendig und bunt sein, wenn Sie immer wieder verschiedene Personen miteinander ins Gespräch bringen. Ob Sie in ein Thema einsteigen oder erarbeiteten Stoff wiederholen, ob Sie die im Raum lastende Schwere auflösen oder zurückhaltende Gruppenmitglieder aus der Reserve locken wollen, dafür gibt es Unterstützung mit **Gesprächsmethoden.**

- **Methode 33:** Hinter dieser Bezeichnung verbirgt sich die Absicht, 3 Personen 3 Minuten miteinander über ein Thema der gemeinsamen Arbeit, des gerade laufenden Vortrags reden zu lassen. Natürlich könnte die Methode auch 66 oder 57 heißen. Die Absicht bleibt gleich, eine definierte Personenzahl eine vorgegebene Zeit lang über ein Thema sich austauschen zu lassen. Berichte sind nicht sinnvoll, wohl aber die Frage, ob in den Kleingruppen Fragen aufgetaucht sind. So fällt das Fragestellen leichter, da die Gruppe anonymisiert.

- **Gesprächszwiebel:** Diese Form der Kommunikation ist intensiv, abwechslungsreich und ungewöhnlich. Sie bitten die Großgruppe sich so aufzustellen, dass sich die Personen in einem Innenkreis mit dem Gesicht nach außen und einem Außenkreis mit dem Gesicht nach innen paarweise gegenüberstehen. Danach geben Sie für die erste Runde einen Gesprächsimpuls. Nach ein bis zwei Minuten rücken die Personen des Außenkreises um einen Platz nach rechts weiter, es gibt einen neuen Gesprächsimpuls usw. Die Gesprächsimpulse können Fragen zum Inhalt genauso sein wie Anmerkungen zum Beruf oder zum Privaten.

Gesprächszwiebel

- **Meinungslinie:** Mit dieser Gesprächsmethode machen Sie Meinungen, Einstellungen und Haltungen sichtbar. Es geht um Wertentscheidungen, Themen, für die man eintreten oder dagegen auftreten kann. Sie kleben ein langes Tesakrepp-Band am Boden diagonal durch den Raum auf. Ein Ende bezeichnet den Pol der Zustimmung (+), das andere Ende den Pol der Ablehnung (-), dazwischen liegt die graduelle Position oder Unentschlossenheit. Sie treffen nun eine Aussage, von der Sie erwarten, dass sie polarisiert, z.B.: „Die Reform xy ist sinnvoll." Danach ersuchen Sie die TeilnehmerInnen, sich auf der Meinungslinie zu positionieren. So zwingen Sie die Personen, wie Samy Molcho sagt, einen Standpunkt einzunehmen. Wenn Sie nun abwechselnd Personen auffordern, zu begründen, warum sie sich auf dem Pluspol bzw. Minuspol bzw. graduell dazwischen positioniert haben, kommen Sie in eine sehr spannende Diskussion. Nach der Diskussion können Sie fragen, ob es nun jemandem möglich ist, seinen Standpunkt zu verändern und einen neuen Standpunkt einzunehmen – und das auch körperlich zu tun.

- **Ampelkarten:** Die Idee hinter der Ampelkartenmethode ist ganz ähnlich, die Arbeitsweise verschieden. Der Verkehrsampel nachempfunden, bekommen die im Kreis sitzenden Teilnehmenden jeweils drei Kärtchen: ein rotes, ein gelbes und ein grünes. Die Karten sind auf der Rückseite neutral und zirka so groß wie Spielkarten. Dann treffen Sie wieder eine Aussage, die für Zustimmung (grün), Ambivalenz oder Unentschlossenheit (gelb) oder Widerspruch und Ablehnung (rot) geeignet ist. Die Personen legen ihre Karten gemäß ihrer Position mit dem neutralen Rücken nach oben vor sich auf den Boden. So können Sie einige Personen fragen, welche Meinung denn wohl in der Gruppe vorherrschend vermutet wird. Nachdem die Karten aufgedeckt worden sind, kann ein diszipliniertes Wechselgespräch zwischen roten, grünen und gelben Begründungen abgerufen werden. Die sonst Dominierenden können so eingebremst, die sonst zu Ruhigen angesprochen werden. Wenn Sie gute Sätze wählen, stehen Ihnen spannende Diskussionen bevor.

Meinungslinie
+
-
+

Neue Verhaltensweisen erproben: Das Rollenspiel

„Ich höre und vergesse,
ich sehe und erinnere,
ich tue und verstehe", sagt Konfuzius.

Rollenspiele sind hochkarätiges Tun. Über ein Thema etwas hören, vielleicht noch darüber zu diskutieren ist nur ein erster Schritt. Die Teilnehmer erfahren in unseren Seminaren zum Beispiel, wie man einen Vortrag beginnt oder wie man ein Konfliktgespräch führt. Reicht es, etwas zu wissen, um es bei Bedarf anwenden zu können? – Meist nicht, insbesondere dann nicht, wenn es um das eigene Verhalten geht.

Es entsteht eine eigene Lernqualität, wenn, aufbauend auf das – neu erworbene – Wissen, das beabsichtigte Verhalten auch erprobt werden kann. Für das Verhaltenslernen ist das Rollenspiel die geeignete Methode. Realsituationen werden nachgestellt und „live" erprobt.

Der Begriff Rollen„spiel" hat dabei Erklärungsbedarf:

Es ist nur insofern ein „Spiel", als das eigene Verhalten in einem gewissen Schonraum ausprobiert werden kann und die Folgen dieses Verhaltens aufgeklärt werden.

Rollenspiele, in denen herausfordernde Realsituationen simuliert werden, bekommen sehr schnell einen großen Anteil an Ernsthaftigkeit. Das Nacherleben und Spielen wird sehr realistisch.

Rollenspieler zeigen ein Stück ihrer Persönlichkeit. Sie zeigen einen Aspekt ihrer Einstellungen und sie zeigen, wie sie mit anderen umgehen. Das ist eine wunderbare Art, Wesentliches über sich selbst zu erfahren. Und so gesehen sind die Rückmeldungen der Beobachter ein Geschenk, denn sie sagen den Spielenden, wie ihr Verhalten ankommt.

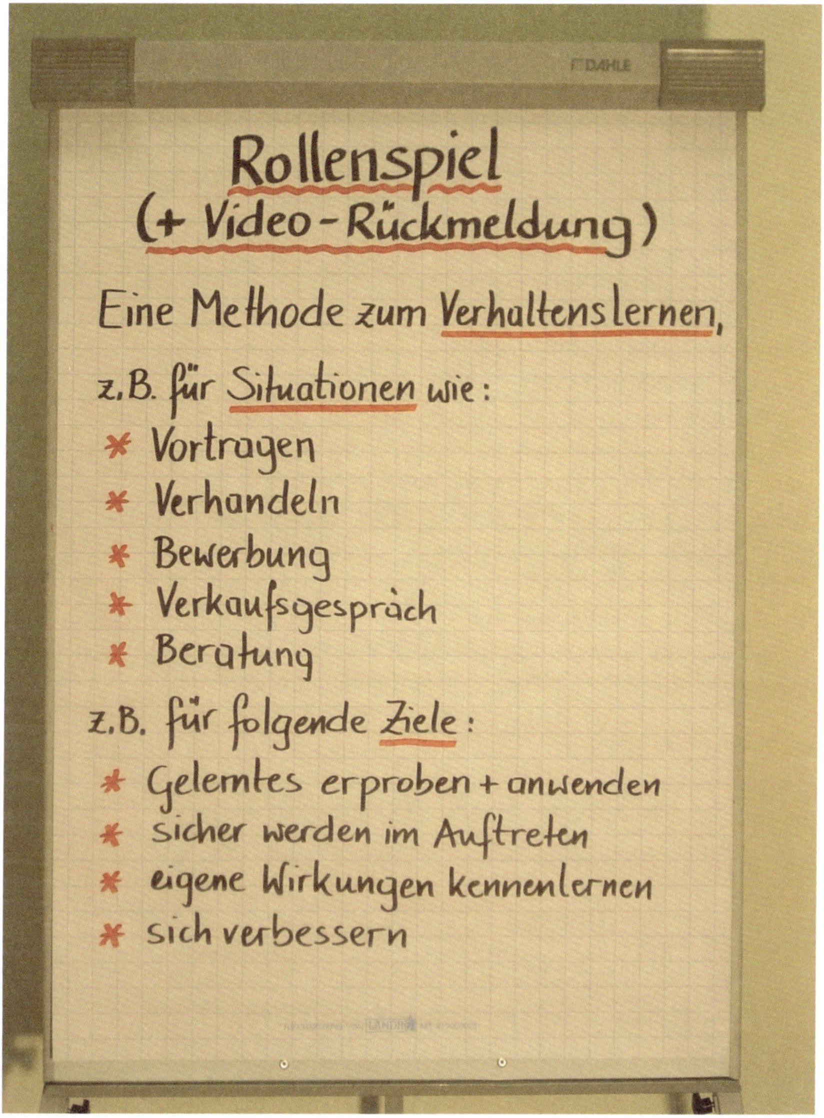
Rollenspiel
(+ Video-Rückmeldung)
Eine Methode zum Verhaltenslernen,
z.B. für Situationen wie:
* Vortragen
* Verhandeln
* Bewerbung
* Verkaufsgespräch
* Beratung
z.B. für folgende Ziele:
* Gelerntes erproben + anwenden
* sicher werden im Auftreten
* eigene Wirkungen kennenlernen
* sich verbessern

Aber: Der Boden, auf dem diese wertvollen Erfahrungen mit Rollenspielen gemacht werden können, muss gut vorbereitet sein.

Rollenspiele setzen ein tragfähiges Maß an Offenheit und Vertrauen in der Seminargruppe voraus. Und Rollenspiele stellen hohe Anforderungen an die Trainer. Sie müssen sehr präsent sein, sie müssen den Ablauf gut organisieren und Sicherheit geben, sie helfen mit, dass geeignete Spielsituationen ausgewählt werden, sie machen „Timeouts", wenn die Situation zu verfahren wird, und sie korrigieren, wenn Spielsituationen oder Rückmeldungen kontraproduktiv werden.

Unsere Rollenspiele stellen wir vor allem unter folgende Zielsetzung: Die Teilnehmer sollen ein Verhalten erproben, um bestimmte Wirkungen zu erzielen. Trainer und Gruppe unterstützen sie dabei in einem förderlichen Klima. Auch das Anschauen und Besprechen der Videoaufzeichnung dient diesem Ziel. Rollenspiele sind eine ernsthafte Arbeit, bei der aber auch manchmal herzlich gelacht werden darf.

Rollenspiele dürfen nicht erzwungen werden, Sinn und Zweck der Übung müssen für die Teilnehmer klar sein.

Wir setzen Rollenspiele nur für genau vorgegebene Anwendungssituationen ein. Z.B. jemandem ein Lob aussprechen, ein Kritikgespräch führen, verständlich Auskunft geben, durch aktives Zuhören ein Anliegen erfassen, einen Kurzvortrag halten, eine Verhandlung beginnen usw.

Die tatsächliche Spielzeit unserer Rollenspiele begrenzen wir für die meisten Situationen zwischen drei und fünf Minuten! Das mag kurz erscheinen, aber man sieht in dieser Zeit mehr oder weniger alles, was wesentlich ist. Auch in der Nachbereitung fällt dadurch die Konzentration auf einige wesentliche Lernpunkte leichter.

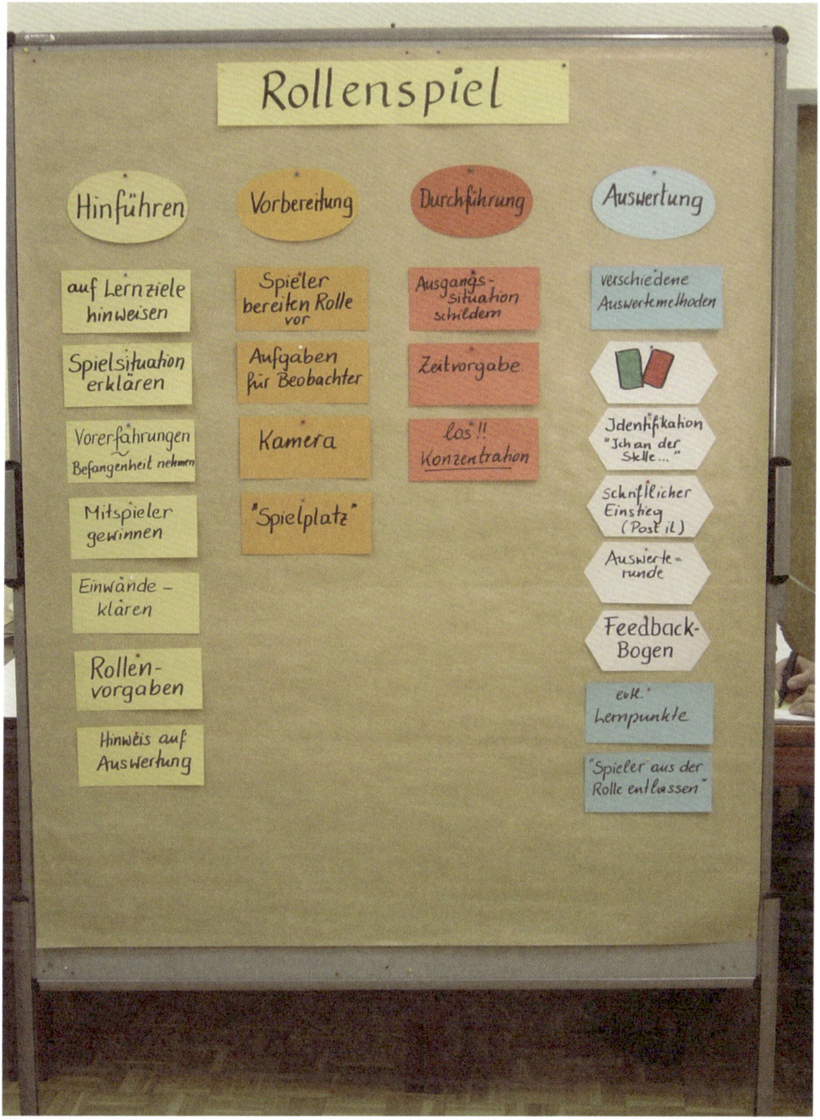
Rollenspiel
Hinführen
Vorbereitung
Durchführung
Auswertung
auf Lernziele hinweisen
Spielsituation erklären
Vorerfahrungen ~ Befangenheit nehmen
Mitspieler gewinnen
Einwände – klären
Rollen-vorgaben
Hinweis auf Auswertung
Spieler bereiten Rolle vor
Aufgaben für Beobachter
Kamera
"Spielplatz"
Ausgangs-situation schildern
Zeitvorgabe
los!! Konzentration
verschiedene Auswertemethoden
Identifikation "Ich an der Stelle..."
schriftlicher Einstieg (Post it)
Auswerte-runde
Feedback-Bogen
evtl. Lernpunkte
"Spieler aus der Rolle entlassen"

Auswertemethoden für Rollenspiele

Die Schatzkiste der Erfahrungen

Wir unterscheiden bei der Rollenspielarbeit die Phasen: Hinführen zum Rollenspiel – Vorbereitung und Organisation – Durchführung – Auswertung.

Auf die Auswertung legen wir besonders großen Wert, denn sie sichert den eigentlichen Ertrag des Rollenspiels. Um der Auswertung Gehalt zu geben, und auch, um die Beobachter mit klaren Aufträgen auszustatten, kombinieren wir gerne zwei bis drei Auswertemethoden.

Solche Auswertemethoden sind:

- Einschätzskalen zum Rollenspielthema (z. B. zur Rhetorik einer Präsentation).
- Grün-Rot: Der Inhaber der grünen Karte beginnt die Rückmeldung mit „Das hat mir besonders gut gefallen", jener der roten Karte setzt fort mit „Das fand ich nicht gut, überlege es dir bitte."
- Identifikation von außen mit den gespielten Rollen: „Ich an deiner Stelle …".
- Schriftlicher Einstieg in die Auswertung mittels Kärtchen: „Das möchte ich besprechen."
- Video anschauen mit Stopps und (vielen positiven) Kommentaren.

In jedem Fall kommen auch die Rollenspieler selbst zu Wort, entweder gleich am Anfang, zwischendurch oder am Schluss der Auswertephase.

Bei der Auswertung sollen Kritik und Anerkennung in verträglichem Verhältnis zueinander vertreten sein (1:2 oder 1:3).

Wir nützen Rollenspiele auch, um an gelungenen Rollenspielen zu lernen. Und eine Hand voll Rollenspiele zu einer ausgewählten Situation sind eine wahre Fundgrube an Verhaltensbeispielen.

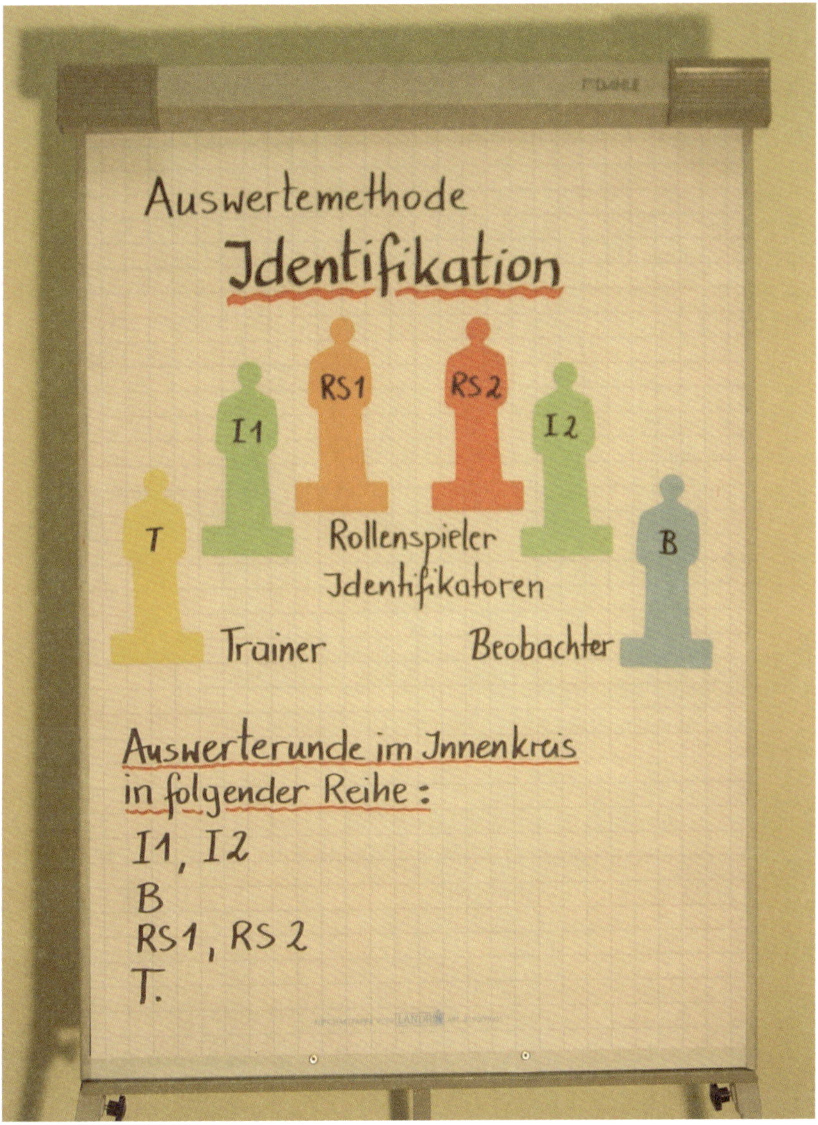
Auswertemethode
Identifikation
RS1
RS2
I1
I2
T
B
Rollenspieler
Identifikatoren
Trainer
Beobachter
Auswerterunde im Innenkreis
in folgender Reihe:
I1, I2
B
RS1, RS 2
T.

Das Methodenrepertoire der Moderation

Die Betroffenen beteiligen

Der Bogen der Anwendungen von Moderationen spannt sich vom Punktekleben oder Kärtchenschreiben während eines Seminars bis hin zu einem eigenen Veranstaltungstyp, dem moderierten Workshop.

Einzelne Moderationsmethoden passen auch gut in ein Seminar, wenn z. B. Meinungen in der Gruppe durch Punktekleben sichtbar gemacht werden oder die wichtigsten Ergebnisse einer Gruppenarbeit auf Kärtchen zusammengetragen werden.

Fast ausschließlich mit Moderationsmethoden wird in Workshops gearbeitet. In Workshops werden unter der Leitung von ein bis zwei Moderatoren gemeinsam mit den Betroffenen Lösungen erarbeitet. So können die Bewohner einer Wohnanlage ein Konzept entwickeln, wie sie das Grün um die Häuser nützen, oder ein Betrieb erarbeitet Maßnahmen, um den internen Informationsfluss zu verbessern oder um die Kundenbindung um 30% zu steigern.

In den Beispielen werden bereits einige Prinzipien der Moderation sichtbar:

- Die Rolle des Moderators ist die eines Entwicklers. Er tritt nicht als Fachexperte auf, der eine richtige Antwort gibt, sondern er hilft mittels einer Fragehaltung, dass die Gruppe das Thema oder Problem gut bearbeiten kann.
- Ein wichtiges Ziel von Moderation ist, die Akzeptanz für getroffene Entscheidungen zu erhöhen. Das geschieht, indem die Betroffenen einbezogen sind, mitreden und mitentscheiden und das Potential der Gruppe zum Mitdenken genützt wird.
- Die Moderation stützt sich vor allem auf zwei Techniken: die richtigen Fragen und die geeignete Visualisierung.
  Das Beherrschen von Fragetechniken gehört zur Grundausstattung eines Moderators. Die richtige Frage zur richtigen Zeit zu stellen, gehört dann schon zur hohen Kunst der Moderation.
  Alle Schritte in der Moderation werden visualisiert. Das fördert das Mitmachen. Und alle Schritte werden dokumentiert (Fotoprotokoll). Das fördert die Verbindlichkeit.

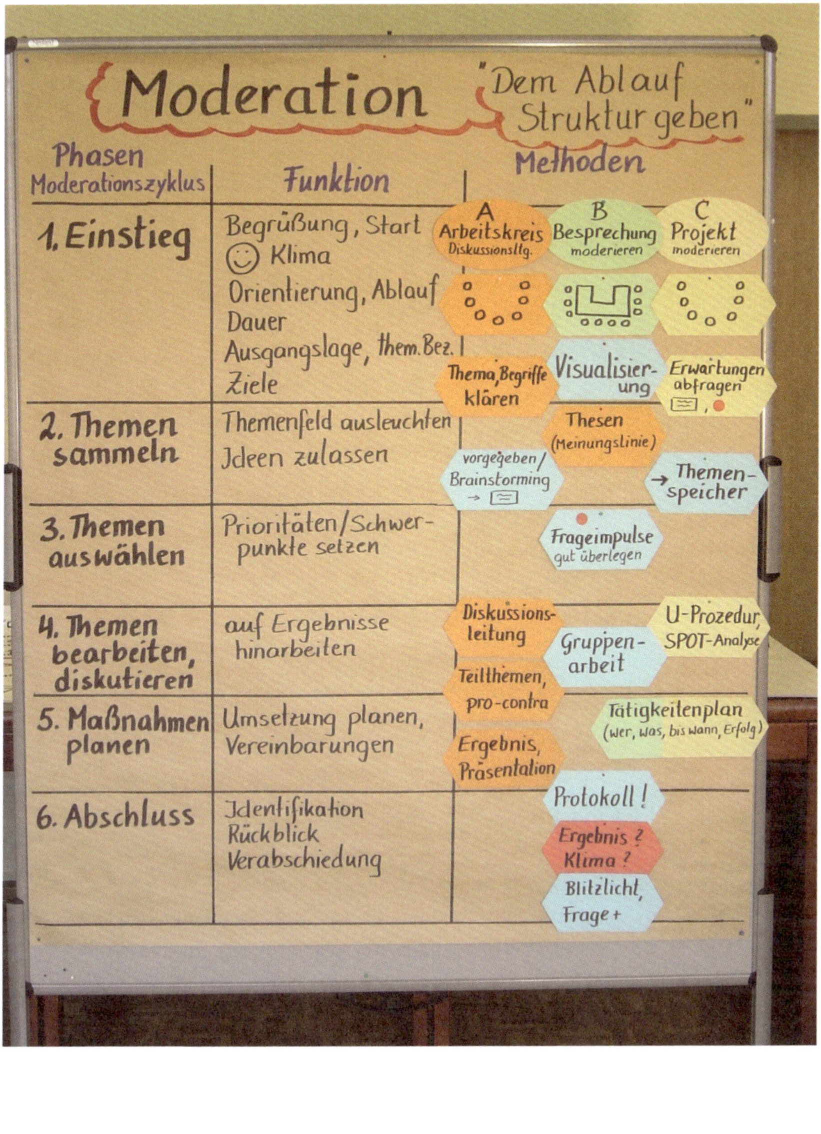
Moderation
"Dem Ablauf Struktur geben"
Phasen
Moderationszyklus
Funktion
Methoden
A
Arbeitskreis
Diskussionsltg.
B
Besprechung
moderieren
C
Projekt
moderieren
1. Einstieg
Begrüßung, Start
Klima
Orientierung, Ablauf
Dauer
Ausgangslage, them. Bez.
Ziele
Thema, Begriffe klären
Visualisierung
Erwartungen abfragen
2. Themen sammeln
Themenfeld ausleuchten
Ideen zulassen
Thesen
(Meinungslinie)
vorgegeben / Brainstorming
→ Themenspeicher
3. Themen auswählen
Prioritäten / Schwerpunkte setzen
Frageimpulse
gut überlegen
4. Themen bearbeiten, diskutieren
auf Ergebnisse hinarbeiten
Diskussionsleitung
Gruppenarbeit
U-Prozedur, SPOT-Analyse
Teilthemen, pro-contra
5. Maßnahmen planen
Umsetzung planen, Vereinbarungen
Tätigkeitenplan
(wer, was, bis wann, Erfolg)
Ergebnis, Präsentation
Protokoll!
6. Abschluss
Identifikation
Rückblick
Verabschiedung
Ergebnis?
Klima?
Blitzlicht, Frage +

- In Moderationen kommen ganz typische Materialien zum Einsatz: Kärtchen in verschiedenen Farben, Formen und Größen, Klebepunkte, Wolken für Überschriften, Bewertungsskalen und natürlich Pinnwand und Flipchart als Arbeitsflächen.

Moderation ist immer Maßarbeit. Die gewählten Schritte und Methoden hängen von den Fragen und Aufgabenstellungen ab.

Trotzdem ist es hilfreich, ein allgemeines Schema für einen Moderationsverlauf anzugeben. Ein solches Schema für einen Moderationszyklus kennt folgende sechs Phasen: Einstieg – Themen sammeln – Themen gewichten und auswählen – Themen bearbeiten – Maßnahmen planen und Aktionsplan festlegen – Abschluss.

So könnte ein Moderator in der Einstiegsphase z. B. mit folgenden zwei Fragen arbeiten:

✔ Wie bewerte ich die derzeitige Situation?
✔ Was sind die Hauptgründe für Unzufriedenheit?

Daraus entsteht ein Bedarf an Verbesserungen. „Themen sammeln" heißt dann hier:

✔ Was gibt es alles an Lösungsideen? (Alle Ideen aufschreiben, nicht diskutieren.)

Der nächste Punkt ist das Auswählen, z. B. mittels Klebepunkten:

✔ An welcher Idee möchte ich weiterarbeiten?

Sind maximal eine Hand voll Ideen ausgewählt, kann die Weiterbearbeitung arbeitsteilig in Kleingruppen erfolgen. Es entstehen konkrete Realisierungsvorschläge. Die Umsetzung wird in einem Maßnahmenplan festgehalten:

✔ Wer macht was bis wann?

Den Abschluss bildet ein Resümee jedes Einzelnen, z. B.:

✔ Wie zufrieden bin ich mit dem heutigen Ergebnis?

Moderationsmethoden werden auf vielfältige Art bei Entscheidungsprozessen eingesetzt: in der Moderation von Workshops, aber auch in Arbeitskreisen, Besprechungen und im Projektmanagement und als unterstützende Methoden auch bei vielen Gelegenheiten in Seminaren.

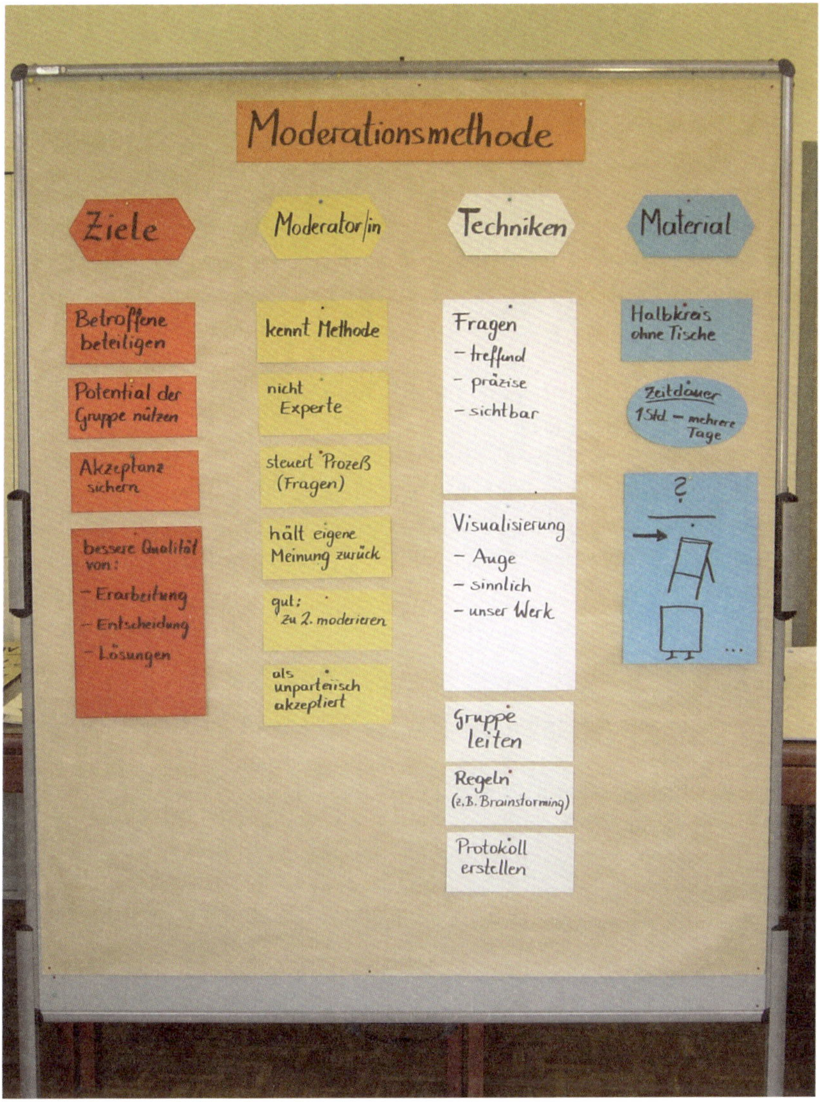
Moderationsmethode
Ziele
Moderator/in
Techniken
Material
Betroffene beteiligen
Potential der Gruppe nützen
Akzeptanz sichern
bessere Qualität von:
- Erarbeitung
- Entscheidung
- Lösungen
kennt Methode
nicht Experte
steuert Prozeß (Fragen)
hält eigene Meinung zurück
gut: zu 2. moderieren
als unparteiisch akzeptiert
Fragen
- treffend
- präzise
- sichtbar
Visualisierung
- Auge
- sinnlich
- unser Werk
Gruppe leiten
Regeln (z.B. Brainstorming)
Protokoll erstellen
Halbkreis ohne Tische
Zeitdauer
1 Std. - mehrere Tage
?
...

Themen bearbeiten mit System

Wie komme ich von der Idee zur Lösung?

„Wie gehen wir es an?", ist oft die Frage, wenn eine Gruppe mit Moderator oder alleine konkrete Lösungsschritte erarbeiten soll. Wir verwenden in solchen Fällen gerne das Muster der U-Prozedur.

Ausgangspunkt ist ein Veränderungsbedarf, eine Idee oder ein angestrebtes Ziel.

Wir moderieren den Prozess in fünf Schritten, schreiben dabei für alle sichtbar mit und beziehen alle ein:

1. Wie sieht die gegenwärtige Situation konkret aus? Genaue Beschreibung der Situation, für die wir uns eine Veränderung wünschen.
2. Welches Ziel streben wir an? Wie soll die geänderte Situation aussehen?
3. Welche Hindernisse und Ängste gibt es? (Was steht einer Änderung der Situation im Wege?)
4. Welche Ressourcen sind bereits vorhanden? (Was kann genutzt werden? Wer unterstützt uns?)
5. Konkrete (erste) To-Do's: Was muss getan werden, damit das gesetzte Ziel (die gewünschte Änderung) erreicht wird? (Tätigkeiten und erste Schritte)

Alle sind zufrieden, wenn nach gemeinsamer Erörterung der fünf Schritte am Ende ganz konkrete Aufgaben stehen. Aus einem Problem sind also Aufgaben geworden.

Nachfolgend wird in einem Maßnahmenplan festgelegt, wer bis wann für die Durchführung der einzelnen Aufgaben verantwortlich ist.

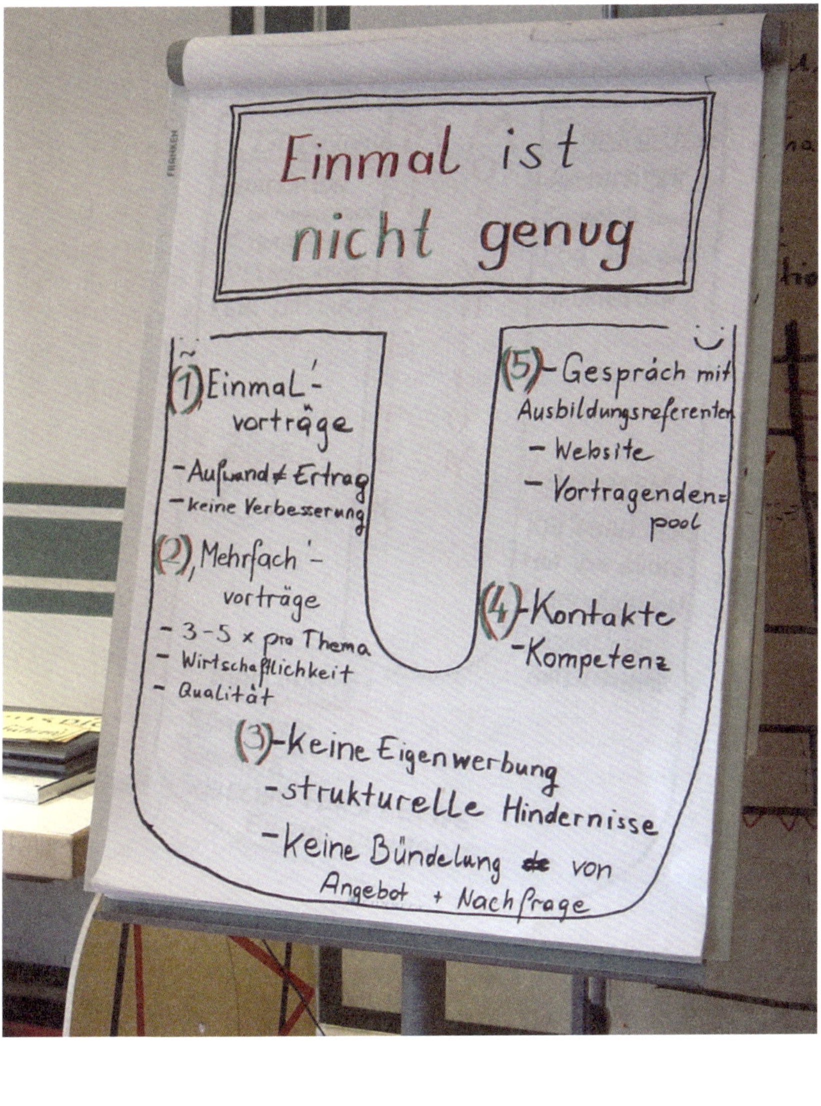
Einmal ist nicht genug
(1) Einmal-vorträge
- Aufwand ≠ Ertrag
- keine Verbesserung
(2) Mehrfach-vorträge
- 3-5 x pro Thema
- Wirtschaftlichkeit
- Qualität
(3) - keine Eigenwerbung
- strukturelle Hindernisse
- keine Bündelung von Angebot + Nachfrage
(4) - Kontakte
- Kompetenz
(5) - Gespräch mit Ausbildungsreferenten
- Website
- Vortragenden-pool

Seminarspiele

Solange der Mensch spielt, ist er frei.
Friedrich Sieburg

Seminarspiele sind gut investierte Zeit. Ob Sie am Anfang eines Seminarabschnittes mit einem „warming up“ die Teilnehmenden auf ein gleiches Aktivitätsniveau bringen, am Nachmittag den lethargischen Zustand einer Gruppe unterbrechen oder durch gemeinsames Lachen entspannen und das Klima verbessern – Sie nutzen die dem Menschen innewohnende Freude am Spiel. Auch wenn sie manchmal ein wenig verschüttet ist.

Wer Spiele im Seminar einsetzt, muss selbst überzeugt sein, dass das Sinn macht. Methodensicherheit ist der Funke, der auf die Teilnehmenden überspringt. Zwingen Sie niemanden zum Mittun, werben Sie für die besondere Aktivität ein bisschen und leiten Sie die Übungen mit unentrinnbarer Selbstverständlichkeit an. Aus dem endlosen Spielangebot geben wir Ihnen eine Hand voll mit Erfolgsgarantie.

- **Gruppenjonglieren:** Die Teilnehmenden stehen im Kreis. Die Zahl der Mitspielenden einschließlich SpielleiterIn ist ungerade. Das Reissackerl wird so auf die Flugbahn geschickt, dass es ein regelmäßiges Sternenmuster beschreibt: Ich werfe zur Person mir gegenüber, diese zur Person rechts neben mir, diese zur Person rechts neben dem letzten Werfer, diese zur Person rechts neben dem letzten Werfer, und in diesem Muster fort, bis das Reissackerl wieder bei mir landet. Mathematikern unter Ihnen hilft zur Errechnung der ersten Zielperson die Formel $(n-1)/2$. Bei 19 Personen heißt das 19 minus 1 ist 18, davon die Hälfte ist 9. Bei der neunten Person von mir aus nach links gezählt muss begonnen werden, damit sich das Sternenmuster ergibt. Wenn das Muster eingeübt ist, bringen Sie immer mehr Sackerl ins Spiel. Es entsteht ein geordnetes und doch buntes Treiben, bei dem Kontaktaufnahme, sich auf andere einzustellen und Rücksicht zu nehmen geübt wird. Die Analogie zu Kommunikationsprozessen und internen Abläufen in der Firma liegt auf der Hand.

Gruppenjonglieren
Start
n-1
2

- **Obstsalat:** Mit diesem Platzwechselspiel bringen Sie viel Bewegung und Energie in die Gruppe. Die Teilnehmenden sitzen im Kreis. Eine Person befindet sich in der Mitte und leitet das Spiel. Sie hat keinen Sessel. Den Sitzenden werden nun reihum vier verschiedene Früchte zugeordnet, z.B. Apfel, Birne, Zwetschke, Banane, Apfel, Birne, … usw. Ruft nun der Spielleiter/die Spielleiterin zwei dieser Früchte, müssen diese Personen den Platz wechseln. Die Leitungsperson versucht auch einen Platz zu ergattern, somit bleibt jemand übrig, das ist die/der neue SpielleiterIn. Bei der Anordnung „Obstsalat" suchen sich alle einen neuen Platz. Lassen Sie dieses dynamische Spiel nur mit vermindertem Einsatz spielen und achten Sie auf das Schuhwerk.

- **Roboter:** Das Spiel wird in Triaden gespielt: davon ein Techniker und zwei Roboter. Die Roboter stehen Rücken an Rücken und bewegen sich immer nur geradeaus. Sie können durch einen Schlag auf die linke oder rechte Schulter um maximal neunzig Grad in die angeordnete Richtung gelenkt werden. Bei Hindernissen bleibt der Roboter stehen. Der Techniker hat die Aufgabe, die Roboter so zu steuern, dass sie Gesicht zu Gesicht zusammenstoßen. Dabei muss abwechselnd einmal Roboter eins, dann Roboter zwei, dann wieder eins … gelenkt werden. Es empfiehlt sich, das Spielfeld zu begrenzen. Wechsel, bis alle in den verschiedenen Rollen dran waren.

- **Steinbock–Adler–Murmeltier:** Bei diesem Spiel haben unsere Gruppen schon Tränen gelacht. Die Gruppe steht im Kreis, der Spielleiter in der Mitte. Die genannten Tiere führen Bewegungen aus: Der Steinbock steht auf dem linken Bein, scharrt mit dem rechten und setzt mit den Armen Hörner auf. Der Adler besteht aus drei Personen: die mittlere formt mit Hilfe der Hände vor den eigenen Augen scharfe Adleraugen, die Person rechts davon macht mit dem rechten Arm Flugbewegungen, die Person links mit dem linken. Das Murmeltier bildet ebenfalls eine Einheit aus drei Personen: die mittlere steht auf den Zehenspitzen, hebt die Hände wie die Pfoten des wachsamen Murmeltiers und pfeift, die rechte Person beschirmt mit der rechten Hand die Augen und schaut nach rechts, die linke vergrößert mit der linken Hand das linke Ohr und horcht nach links. Zeigt nun der Spielleiter auf jemanden und nennt einen dieser drei Tiernamen, so müssen die bestimmten Personen diese Bewegungen ausführen. Wer einen Fehler macht, wird neuer Spielleiter. Das Spiel lebt vom Tempo.

Obstsalat

7. Abschluss

Die Schlusssituation

Ende gut, alles gut!

Zwei Stadien der Gruppenentwicklung gibt es sicher: Anfang und Ende. So wie der Anfang guter Planung bedarf, muss auch der Schuss gestaltet sein.

Seminare brauchen immer einen Abschluss auf der sachlichen Ebene **und** auf der emotionalen. Wie viel Zeit dafür anteilig verwendet wird, hängt von Thema, Dauer, Gruppengröße und anderen Rahmenbedingungen ab.

Wir geben immer einen Überblick auf der Flipchart, welche **Arbeiten zum Schluss** noch erledigt werden müssen. Damit beugen Sie voreiligen Auflösungserscheinungen vor und führen durch Struktur auch noch in der Schlussphase.

Welche Überlegungen sind hilfreich? Was muss **zurückgegeben** werden?
- Zimmerschlüssel
- Schreibunterlagen
- Bewertungsbogen des Auftraggebers

Was muss **mitgenommen** werden?
- Handys und Ladegeräte
- Erstellte Produkte
- Skripten

Was muss **ausgetauscht** werden?
- Telefonnummern, E-Mail-Adressen

Was muss noch gemeinsam **besprochen** werden?
- Zukünftige Termine
- Seminarüberblick im Lichtbildvortrag
- Abschlussrunde

Durch die Abrundung Ihres Seminars machen Sie Ihr Seminar zu einer „runden Sache"!

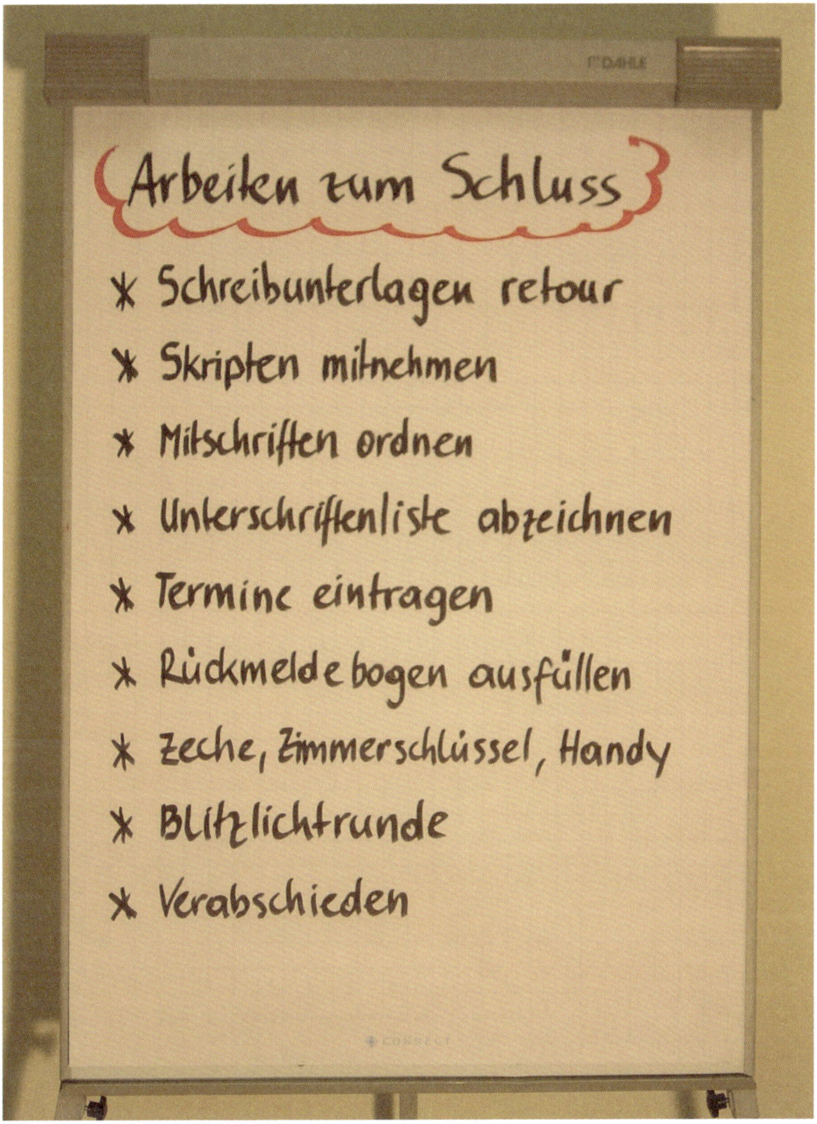
Arbeiten zum Schluss
* Schreibunterlagen retour
* Skripten mitnehmen
* Mitschriften ordnen
* Unterschriftenliste abzeichnen
* Termine eintragen
* Rückmeldebogen ausfüllen
* Zeche, Zimmerschlüssel, Handy
* Blitzlichtrunde
* Verabschieden

Rückmeldemethoden

„Nur was ich über mich weiß, steht mir zur Bearbeitung zur Verfügung.“

Jede Seminarleiterin, jeder Seminarleiter möchte nach getaner Arbeit wissen, wie sie/er angekommen ist, wie die Teilnehmenden die Arbeit bewerten, was gut war und was verbesserungswürdig ist. Mit ernst gemeinten Fragen können Sie den Teilnehmenden zeigen, dass Sie sie ernst nehmen. Sie gewinnen eine Grundlage für Ihr persönliches Qualitätsmanagement als SeminarleiterIn. Wir verwenden unserer Überzeugung getreu auch hier aktivierende bis spielerische Arbeitsweisen. Selbstverständlich können Ampelkarten und Meinungslinie auch als Feedbackmethode eingesetzt werden.

- Die **Mimikwürfel** zeigen auf je einer der sechs Würfelflächen ein begeistertes, freundliches, neutrales, verstimmtes, verärgertes und staunendes Gesicht. „Wie haben Sie den heutigen Tag erlebt? Bitte legen Sie den Würfel mit dem zutreffenden Gesicht nach oben auf das weiße Blatt in der Raummitte!“, könnte eine Frage zur Tagesauswertung sein. Wenn Sie dann rund um das Blatt stehen, können Sie nachfragen. Auch staunen kann man aus verschiedenen Gründen.

- **Telegramm** oder – moderner – **SMS** sind sehr kurze Rückmeldespiele. Teilen Sie Telegrammformulare oder Umrisszeichnungen von einem Handy aus und bitten um dem Medium entsprechend kurze Rückmeldungen. Wir sammeln die Blätter ab, vermischen sie, teilen sie wieder aus und lassen die Texte vorlesen. Das ist informativ und lustig.

- **Punkte kleben** kennen Sie aus der Moderation. Wir nützen sie als Skalenbewertung, um einzelne Items abzufragen.

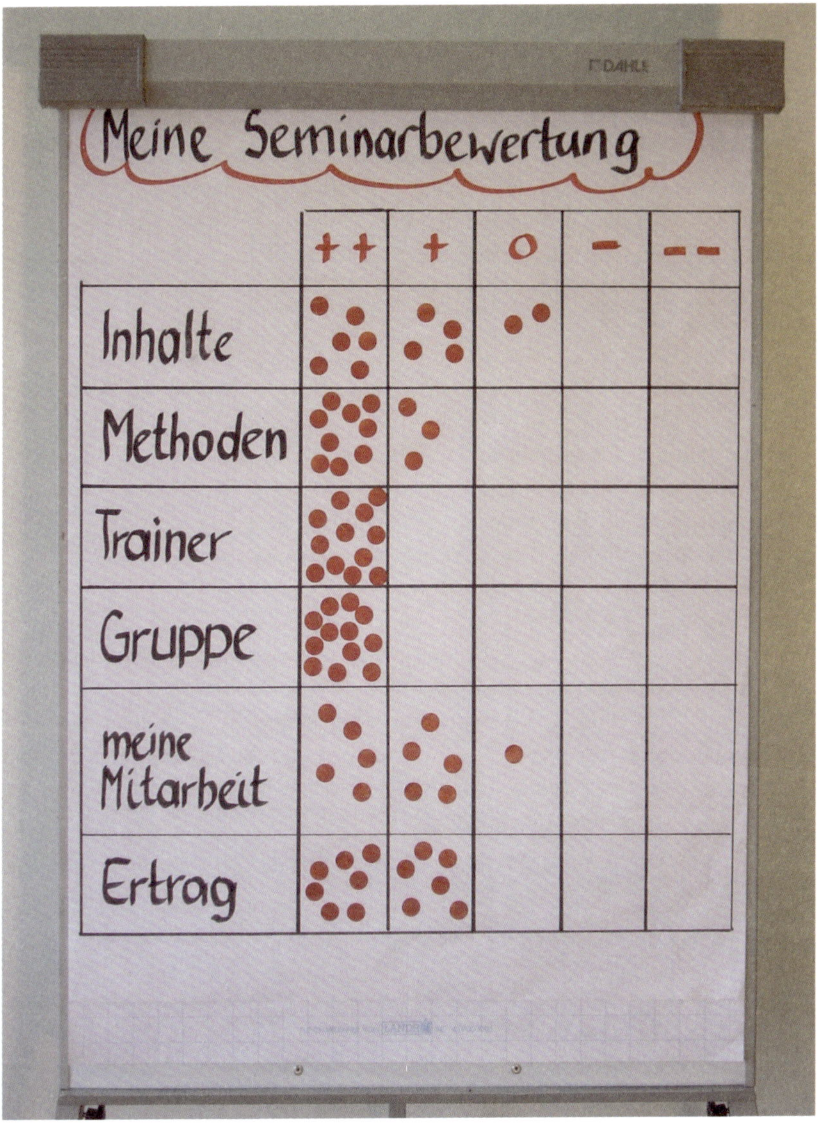
Meine Seminarbewertung
++
+
o
-
--
Inhalte
Methoden
Trainer
Gruppe
meine Mitarbeit
Ertrag

- **Quadrantenauswertung:** Wir unterteilen die Pinnwand in vier Felder. „Das nehme ich mit…“, „Das werde ich tun…“, „Das lasse ich hier…“ und „Das brauche ich noch…“ sind die Feldbezeichnungen in vier verschiedenen Farben. Alle Teilnehmenden bekommen je eine Moderationskarte in diesen Farben und werden um ihre schlagwortartige schriftliche Rückmeldung ersucht. Die Karten werden mit oder ohne Kommentar aufgepinnt. Jemand aus dem Kreis der Teilnehmenden oder Sie selbst können das Gesamtergebnis interpretieren. So bekommen Sie Information über besonders akzeptierte Inhalte, Handlungsabsichten, Überdenkenswertes und Entwicklungsbedarf.

- **Blitzlichtrunde:** Wenn die Teilnehmerzahl 24 nicht übersteigt, bekommen Sie viel Information, wenn Sie die Teilnehmenden um eine kurze (Blitz-) Stellungnahme zur gemeinsamen Arbeit ersuchen. Es lohnt sich zu überlegen, mit wem Sie beginnen und wer das letzte Wort haben soll. Sie beschließen das Tages- oder Gesamtseminarblitzlicht mit Ihrer eigenen Sicht der Begegnung.

- **Fragebogen:** Meist werden Ihnen Fragebögen oder Evaluationsbögen vom Veranstalter bzw. Auftraggeber vorgegeben. Lassen Sie die Blätter gleich im Rahmen des Seminars ausfüllen, damit Sie auch eine gute Rücklaufquote garantieren können. Verzichten Sie keinesfalls auf eine über den Auftraggeberbogen hinausgehende Rückmeldemethode. Holen Sie sich Ihren Erfolg face-to-face öffentlich ab, hören Sie die Verbesserungsideen direkt.

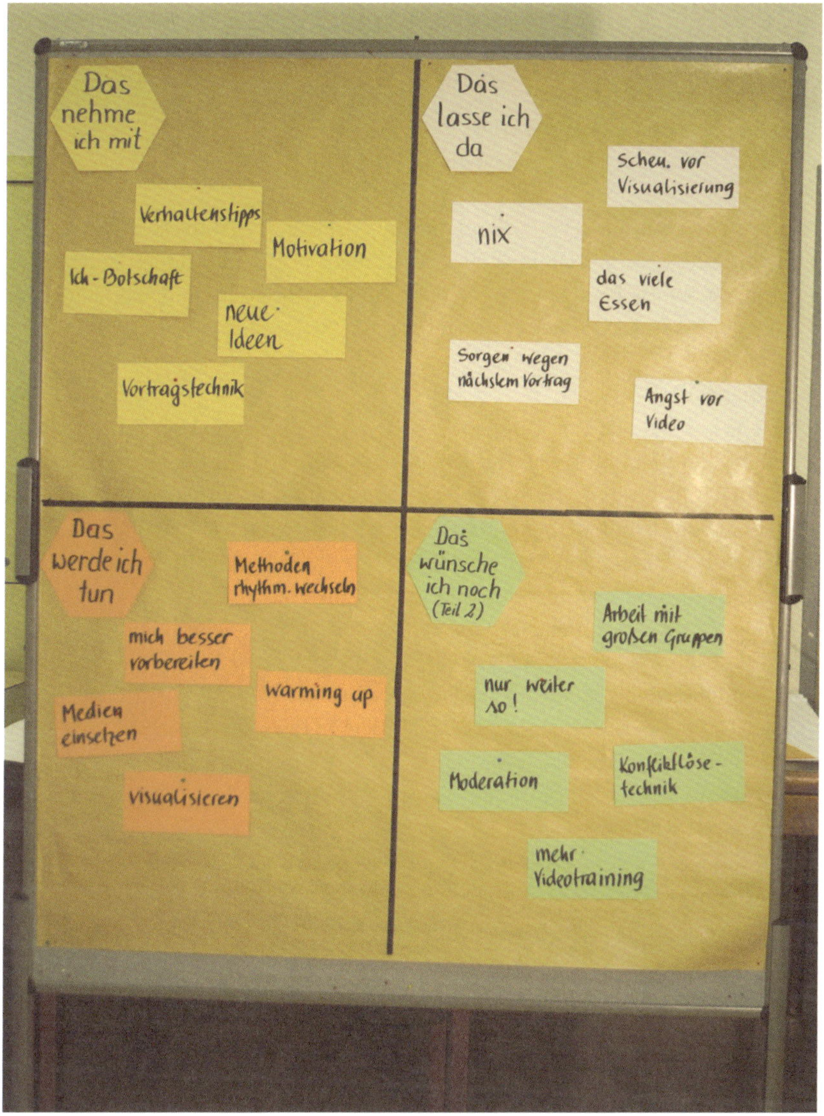
Das nehme ich mit
Verhaltenstipps
Motivation
Ich-Botschaft
neue Ideen
Vortragstechnik
Das lasse ich da
Scheu. vor Visualisierung
nix
das viele Essen
Sorgen wegen nächstem Vortrag
Angst vor Video
Das werde ich tun
Methoden rhythm. wechseln
mich besser vorbereiten
warming up
Medien einsetzen
visualisieren
Das wünsche ich noch (Teil 2)
Arbeit mit großen Gruppen
nur weiter so!
Moderation
Konfliktlöse-technik
mehr Videotraining

Stärkende Abschlussübungen

**Für die Welt bist du jemand,
aber für jemanden bist du die Welt.**

Bevor Sie die Schlussarbeiten und eine auswertendes Seminarfeedback anleiten, sollten Sie Ihren SeminarteilnehmerInnen noch ein schönes, stärkendes Erlebnis ermöglichen. Bei länger dauernden Seminaren sind das bleibende Erinnerungen – so wie der vermittelte Stoff hoffentlich auch.

Kaffeehäferl

Alle bekommen färbige A3-Blätter. Alle zeichnen mit dickem Filzstift Blatt füllend ein Lieblingsgefäß (Kaffeehäferl, Bierkrug, Burgunderkelch, …) auf ihr Blatt. Der eigene Name wird leserlich und gut sichtbar eingefügt. Die Blätter bleiben auf dem Sitzplatz liegen. Dann leiten Sie die Übung an: „Ihr kennt euch nun schon mehrere Tage. Ihr habt alle Gruppenmitglieder in Plenumsgesprächen, in verschiedenen Gruppen, in der Pause oder in der freien Zeit kennen gelernt. Schreibt jetzt als persönliche Rückmeldung in alle Gefäße kurze, stärkende, ausschließlich positive Bemerkungen, etwa: „Deine Beiträge sind für mich sehr bereichernd." „Danke, dass du mir in der Pause so aufmerksam zugehört hast." „Dein Humor steckt an." …
Alle gehen zu allen Blättern. Dazu gibt's angenehme Musik. Danach dürfen die Köstlichkeiten mit Genuss ausgeschlürft werden.

DAHLE
Kaffeehäferl
Ich schätze Deine kritischen Diskussionsbeiträge. Andrea
Du bringst durch Deine Initiativen viel weiter. Johann
Du kannst auf sehr angenehme Weise für die Gruppe Wege öffnen. Walter
Danke für die Pausengespräche, die haben mich wieder motiviert! Waltraud
Du kannst die Dinge auf den Punkt bringen. Hat viel zur Klärung beigetragen! Iris
Danke für die Unterstützung bei der Führungsfrage. Ella
Laurin

Seerose

Je zwei Gruppenmitglieder, die einander ein bisschen besser kennen als andere, finden sich als Paar zusammen. Danach schneiden alle aus der kopierten Vorlage eine „Seerose" aus. In die Mitte der Rose wird der Name des Gegenübers geschrieben, auf jedes Blütenblatt eine stärkende, positive Eigenschaft oder Bemerkung. Danach wird ein Blatt nach dem anderen zur Mitte hin gefaltet und als Geschenk überreicht. Jedes Paar legt dann die Päckchen in Wasser (Teller) und wartet, was geschieht. Das Staunen ist groß, wenn die Rose aufblüht und ein Blatt nach dem anderen lesbar wird.

Geschenke aus der Natur

Wieder je zwei Gruppenmitglieder, die einander etwas besser kennen als andere, finden sich als Paar zusammen. Die beiden stehen ohne zu sprechen einander gegenüber und wählen aus den positiven Eigenschaften des Gegenübers drei besondere aus. Immer noch ohne zu sprechen gehen sie in die Natur und suchen nach Symbolen, die für die jeweilige Stärke stehen. Danach werden die „Geschenke aus der Natur" mit Begründung dem Partner/der Partnerin überreicht. „Ich schenke dir diese Blüte, sie symbolisiert für mich deine Buntheit, diesen Stein für die Beständigkeit und..." Entweder findet die Bescherung nicht öffentlich statt oder Sie möchten eine besonders dichte emotionale Atmosphäre schaffen, dann werden die Symbole öffentlich überreicht.

Seerose
ein Wunsch,
eine positive Eigenschaft,
eine stärkende Rückmeldung,
je Blütenblatt
falten und überreichen
in den „Teich"
legen und warten

Anhang

Stichwortverzeichnis

Die Firma

Salzburger Institut für Weiterbildung GmbH
www.siwb.at

Wir haben 1991 einen Trainerverbund gegründet, aus dem die Salzburger Institut für Weiterbildung GmbH hervorgegangen ist. Schon damals ließen wir uns von der Vorstellung leiten, universitäres Wissen, die Leistungsfähigkeit der österreichischen Privatwirtschaft und die Veränderungsimpulse öffentlicher Institutionen zusammenzuführen und nutzbar zu machen.

Und wir haben es geschafft. Wir haben in der Weiterbildung eine Marke geschaffen. Wir stehen in engem Kontakt mit unseren Partnern und entwickeln mit ihnen praxisorientierte Produkte für Firmen, Freiberufler, den öffentlichen Sektor und für Privatpersonen:

- Seminare
- Workshops
- Coaching
- Assessment
- Projekte

Ausgangspunkt ist zunächst die Bedarfsgerechtigkeit! Wir orientieren uns an den jeweiligen Personen und Auftraggebern, die bei uns Unterstützung suchen. Individuell geht's einfach am besten. Ob privat oder im Berufsleben.

Weil man „nur sieht, was man weiß, und nur versteht, was man erlebt hat" (C. G. Jung), gestalten wir unsere verschiedenen Angebote so erlebnisorientiert und spielerisch wie möglich. Aktives Lernen durch direkte Beteiligung an der Vermittlung der jeweiligen Inhalte fördert das Erreichen unserer gemeinsamen Ziele.

Wir von siwb haben jede Menge Erfahrung. Als Trainer und in der Forschung. Und natürlich auch in der Lehre. Da klappt's dann auch prächtig mit der Verbindung von Theorie und Praxis. Zur Freude und zum Vorteil unserer Kunden. Und mit diesem Buch auch unserer Leser.

Mag. Dr. Walter Buchacher

geb. 1955, Professor für Humanwissenschaften an der Pädagogischen Akademie Salzburg, leitet seit 20 Jahren Seminare, Workshops und Coachings für Führungskräfte und Vortragende in Wirtschaft, Justiz, Medizin, beim Bundesheer u. a. Geschäftsführender Gesellschafter des Salzburger Instituts für Weiterbildung GmbH.

Dr. Josef Wimmer

geb. 1952, ist Geschäftsführender Gesellschafter des Salzburger Instituts für Weiterbildung GmbH und arbeitet als Professor der Humanwissenschaften an der Pädagogischen Hochschule in Salzburg. Zu seinen Kunden zählen mehrere österreichische Ministerien, Gewerbe und Industrie. Er leitet erfolgreich Seminare, Workshops und Coachings im In- und Ausland.